河北省人文社会科学研究重大课题攻关项目
河北省创新能力提升计划项目（软科学研究专项）
河北经贸大学学术著作出版基金项目

京津冀协同发展背景下
河北省人力资本积累路径研究

The Path of Human Capital Accumulation in Hebei Province:
Research in The Context of Coordinated Development of The Beijing, Tianjin, and Hebei Region

陈亮　苏建宁　著

中国社会科学出版社

图书在版编目（CIP）数据

京津冀协同发展背景下河北省人力资本积累路径研究/陈亮，苏建宁著．—北京：中国社会科学出版社，2017.11

ISBN 978 - 7 - 5203 - 1295 - 0

Ⅰ.①京…　Ⅱ.①陈…②苏…　Ⅲ.①人力资本—人力资源管理—研究—河北　Ⅳ.①F249.272.2

中国版本图书馆 CIP 数据核字（2017）第 267072 号

出 版 人	赵剑英
责任编辑	侯苗苗
责任校对	周晓东
责任印制	王　超

出　　　版	中国社会科学出版社
社　　　址	北京鼓楼西大街甲 158 号
邮　　　编	100720
网　　　址	http：//www.csspw.cn
发 行 部	010 - 84083685
门 市 部	010 - 84029450
经　　　销	新华书店及其他书店

印刷装订	北京明恒达印务有限公司
版　　　次	2017 年 11 月第 1 版
印　　　次	2017 年 11 月第 1 次印刷

开　　　本	710×1000　1/16
印　　　张	13.5
插　　　页	2
字　　　数	232 千字
定　　　价	58.00 元

凡购买中国社会科学出版社图书，如有质量问题请与本社营销中心联系调换
电话：010 - 84083683

前　言

推动京津冀协同发展，是党中央在新的历史条件下做出的一项重要战略部署。实现这一战略目标，需要在"减"与"加"两个方面共举并重、协同发力。一方面，要站在全局的高度，在科学设计与精准定位的基础上，有效实现北京非首都功能的有序疏解，做好"减法"工作；另一方面，河北也要在对接京津、服务京津中加快自身经济社会发展步伐，不断缩小与京津两地的发展差距，补齐"短板"，写好"加法"文章。在这一过程中，无论是北京的"减法"，还是河北的"加法"，最终的目标是"协同"，即实现京津冀三地的快速发展、错位发展、协调发展和同向发展。而推动京津冀协同发展，关键在于促进京津冀三地人、财、物的自由流动与优化配置，实现"加"与"减"的有效匹配和"多"与"少"的充分互补，最终达到相互借力、互通有无、协同共赢的发展目标。

推动京津冀协同发展，也是一项巨大的系统工程，需要多方着眼、多处着手、多地着力与久久为功。在这一过程中，一个不容忽视且需引起高度重视的因素是人力资本在区域协同发展中所扮演的关键角色与发挥的重要作用。马克思唯物辩证法认为，在纷繁复杂的事物中，要善于把握和抓住主要矛盾，解决了主要矛盾，其他次要矛盾与问题就会迎刃而解。大量的经济社会发展实践均表明，人力资本即是破解区域经济社会非均衡发展的"主要矛盾"与"关键要项"。牵住了人力资本这个"牛鼻子"，就能够起到"牵一发而动全身""动一域而变全局"的联动效应。

近年来，有关京津冀协同发展问题的研究逐渐成为国内外学术界关注的热点，也产出了一系列有价值的研究成果。如果仔细梳理会发现，目前研究的重点还主要集中在"京津冀如何实现产业协同发展""如何促进京津冀交通、基础设施建设一体化""如何统筹推进京津冀城市一体化发展"等议题上。而以人力资本为主要视角深入研究京津冀协同发展，特别是研究河北省如何通过拓展人力资本积累路径，借力京津实现自我跨越式发展的成果并不多见。

基于此，本书选择人力资本研究视角，全面系统分析与阐述京津冀协同发展背景下河北省人力资本的多维度积累路径。具体内容包括：在总结国内外相关研究成果的基础上，对人力资本相关理论、人力资本与区域经济协调发展相关理论进行梳理；通过 Barro、Sala－I－Martin 模型与人力资本有效劳动模型、外部性模型，对人力资本在京津冀协同发展中的作用进行实证分析与量化测算；基于"宏观"到"微观"、从"强内力"到"借外力"等多个层面和维度，对河北省人力资本宏观投资、人力资本微观投资、借力京津人力资本等人力资本积累路径进行全方位分析探讨。

与其他重理论研究、轻对策分析的学术成果不同，本书在定量与定性分析的基础上，力求通过提出"贴近省情""实用前瞻"的政策建议，切实为政府部门相关决策提供参考依据。

本书的主要研究结论及政策建议如下：

第一，补齐河北"短板"，多渠道持续提升人力资本积累水平。在京津不断加大优质资源转移和疏解的背景下，河北不应仅做资源的承接者，还要积极地将外部资源与内在优势有效结合，做资源的使用者和开创者，实现由"被动输血"向"主动造血"的转变。要实现这一目标，就需要不断提高河北的人力资本存量水平、改善河北的人力资本结构、持续提升河北的人力资本效能。一方面，要做好人力资本的"开源"，即通过各种方式与途径，加大河北自身人力资本宏观、微观投资力度。与京津两地相比，无论是在人均水平还是在投资总量上，河北均远远落后，这主要归因于河北对人力资本投资的力度不足所造成。要从根本上扭转这一局面，就需要河北多措并举，广范围、深层次、多渠道提高自身人力资本投资水平。另一方面，要做好人力资本的"节流"，即努力营造人力资本培育与发展的良好环境，减少人力资本，尤其是高端人力资本的外流。在新的历史发展条件下，河北应全面贯彻落实"人才兴冀""人才强冀"发展战略，通过调结构、转方式、换动能等方式，切实改善河北的经济社会发展环境，确保本地人才育得出、留得住、用得好，最大限度地提升人力资本存量水平。

第二，借力京津人力资本，促进优质资源的合理配置。长期以来，人力资本在京津冀三地呈现出明显的极化趋势。即北京、天津两地依托丰富的教育、卫生和科技资源，实现了高端人力资本的集聚，形成人力资本的"天然高地"；而河北由于人力资本投资不足且流失严重，相比京津始终处于人力资本的"水平洼地"。合理配置京津冀三地资源，促进京津各类优质资源向河北倾斜，实现京津冀人力资本的均衡化，成为推动京津冀协同发展的当务之急。一是要促进京津两地优质教育、卫生资源向河北的倾斜投入。支持北京、天津等高校通过合建分校、联合办学、共建学科等方式，促进教学、科研等优质资源向河北流动。鼓励京津通过对口支援、合作办医、远程医疗、专业协作等方式，与河北展开全面、深入的医疗卫生合作，助力河北有效承接与内化京津的优质医疗卫生资源。二是要促进创新资源的共创与共享。引导北京、天津两地通过与河北共建科技创新中心、产业技术研发基地、科技成果孵化园等措施，直接带动河北创新能力的快速提升，全面促进河北产学研一体化发展，实现优秀科技创新成果在三地间的共创与共享。三是要促进高端人才的互动与交流。京津要逐渐打破人才流动的樊篱，通过采用挂职锻炼、异地交流、联合培养等方式，不断降低对河北人力资本，尤其是高端人力资本的"虹吸效应"，助力河北人力资本结构的转型与优化。总之，河北应紧紧抓住京津冀协同发展这一难得的历史机遇，在北京、天津优质资源不断向河北倾斜的前提下，下大力气用实、用足、用活各项人才发展政策，通过柔性引进、项目合作、互惠互利等方式，广泛、深入推进京津人才引进和智力引入工作，使更多京津人才"为我所有""为我所用""为我所享"。

第三，创新体制机制，完善人力资本要素市场。提升河北人力资本积累水平，促进京津冀人力资本均衡化发展，离不开市场在资源配置中发挥的基础作用，更离不开体制机制在推动协同发展中的强力保障。为了更好地盘活京津冀人力资本资源，进一步发挥人力资本对经济社会发展的正向推动作用，最大限度地提升河北人力资本的质量水平，需要在体制机制创新上有新突破。一是要逐步消除阻碍人力资本自由流动的政策、体制樊篱，构建形成统一、开放、规范的京津冀人力资本市场，促进三地间职称互认、资质互认、成果互认和产权互认，打通人力资本自由流动的通道与路径。二是要不断创新体制机制，完善京津冀高级别领导小组协调机制，统筹开展人力资本优化配置工作。通过定期协商与合力推动，有效促进京津冀三地人力资本的均衡化发展。三是要不断推动人力资本收益分配制度的改革与创新，持续提高人力资本投资的综合收益，最大限度地降低与减少人力资本投资的风险、成本，提升每一类人力资本投资主体的积极性与主动性。

本书是在已完成的河北省创新能力提升计划项目（软科学研究专项）"京津冀协同发展背景下河北省人力资本积累的路径研究"（编号：164576126D）的基础上经进一步深化研究、扩充修订完成的。本书的写作和出版同时得到了河北省教育厅人文社会科学研究重大课题攻关项目（编号：ZD201413）和河北经贸大学学术著作出版基金的资助，也得到了中国社会科学出版社的大力支持。在本书即将付梓出版之际，谨向河北省科技厅、河北省教育厅、河北经贸大学、中国社会科学出版社表示衷心感谢。

从京津冀人力资本均衡化视角探讨河北省人力资本积累的路径问题，离不开京津冀协同发展的大背景。今天，京津冀协同发展的大幕已徐徐拉开，各项工作不断深化，新情况、新问题、新变化层出不穷，本书的探讨仅仅是初步的，最多体现为"破题"的意义，远未达到"解题"的程度。期待有更多的学者关注该领域的研究，以求共同推动后续研究的深入。

目　录

第一章 绪论

本章作为绪论，主要阐述研究的背景及意义，国内外相关研究及评述，总体写作思路和框架，研究的内容与方法等。

第一节 研究背景及意义

一 研究背景

人类社会发展中起决定作用的是生产力，而决定生产力水平的则是掌握了一定科学、文化和技术的人。人的健康存量、知识和技能存量越高，即人力资本存量越高，其生产潜力和能量就越大。一切经济发展的关键要素都由人所创造。人类的历史也表明，一切文明成果的发现与创造、新的科学技术的发明与应用，乃至大国的崛起、民族的振兴等都取决于人，取决于人身上凝结承载的人力资本。

自20世纪70年代以来，经济学家逐渐认识到，最终决定一个国家或地区经济社会发展速度的不是物质资本而是人力资本。世界银行1980年的一份报告显示，在低收入国家中，上过学的和未上过学的农民劳动生产率存在显著差异，在提供诸如化肥、高产种子等投入以及改进耕作技术的同等条件下，上过四年学的农民的年产量比未上过学的农民的年产量高13%，即使没有这些投入，前者也比后者高8%。[1]同样，世界银行1985年的经济考察报告《中国：长期发展问题和可

---

[1] 王碧玉：《中国农村反贫困问题研究》，博士学位论文，东北林业大学，2006年，第156页。

选方案》也得出了相似结论，即"中国的经济发展前景取决于能否成功地发挥与使用几亿人的人力资本效能"。可以说，人力资本是区域经济增长的核心动力源泉。

在新经济增长理论中，罗默与卢卡斯等不仅证实了人力资本对经济增长的正向作用，还将这一要素进一步"内生化"与"扩大化"，延展性地提出人力资本具备其他生产要素无法比拟的"外部效应"与"溢出效应"。在该两种效应的共同作用下，人力资本充沛的地区能够始终保持较高的资本收益率和经济增长率，有效减少物质资本的外流与梯度转移。相反，在人力资本较为匮乏的地区，由于人力资本及其"外部溢出"作用较弱，其物质资本的收益率并不会显著高于人力资本充沛的地区。在利益诱导机制的驱动下，极易造成人力资本、物质资本由收益率"洼地"向收益率"高地"的反梯度流动，形成"穷者愈穷、富者愈富"的"马太效应"，陷入"卢卡斯悖论"之中。

聚焦我国区域经济社会发展现实会发现，欠发达地区与发达地区间之所以形成巨大的经济社会差距，除国家宏观经济政策、区位优势以及资源禀赋条件不同等因素外，一个重要的原因就在于欠发达地区与发达地区之间存在显著的人力资本水平差异。欠发达地区由于人力资本水平较低，其经济发展的原动力普遍不足，加上发达地区对欠发达地区人力资本的"虹吸效应"，又进一步造成欠发达地区人力资本总量的匮乏。人力资本投资总量的不足与人力资本的巨大流失，不断拉大了发达地区与欠发达地区的经济社会发展差距，区域经济趋同（收敛）的发展目标将难以实现。在此背景下，欠发达地区唯有不断通过加大人力资本投资、减少人力资本流出，不断吸引高端人力资本流入，才能从根本上提升自身人力资本积累水平，实现经济社会发展的"换挡提速"，有效缩小与发达地区的经济社会发展差距。

以上基于人力资本在区域经济社会发展中重要作用的分析视角同样适用于对京津冀区域经济社会发展的研究。

推动京津冀一体化、有效疏解北京非首都功能、促进京津冀三地间协同发展，是党中央、国务院在新的历史条件下做出的重要战略部署。京津冀三地间地域相邻、人缘相亲、文化相近、交往半径相宜，客观上已经形成了一个资源相互流动、经济相互交叉、社会相互影响的京津冀生态圈。推动京津冀协同发展，不仅是中央决策和国家战略的相关要求，也是京津冀三地间经济社会发展的内在客观需求。作为国内第三大区域增长极，京津冀与"长三角""珠三角"相比，无论是在经济一体化、贸易一体化还是在人员一体化、技术一体化等方面，均存在较大差距。特别是在经济一体化方面，京津冀三地间在经济增长速度、人均收入水平上仍有很大差距，尤其在近十几年的发展过程中，三地间的差距不仅没有逐步缩小，反而呈现逐年扩大之势。[①]

京津冀三地区域内部发展上的不平衡，最为突出的表现是河北与京津间的巨大经济发展落差。推动京津冀三地协同发展，核心任务是通过立足三地各自比较优势、立足现代产业分工要求、立足区域优势互补原则、立足合作共赢理念，促进三地间的和谐、绿色与均衡发展，打造新型的环首都经济圈。其中，补齐河北"短板"，加快河北发展也成为京津冀协同发展的题中要义。

从人力资本视角加以审视，京津冀三地间人力资本积累的结构性差异与失衡恰恰是造成京津冀三地非均衡发展的重要原因之一。因此，面对京津冀协同发展的重大历史机遇，河北要想在发展中尽快补齐"短板"，在发展中实现"迎赶追超"，逐步缩小与京津发展差距，就必须在延展与拓宽人力资本积累路径上下足功夫，以持续提升自身的人力资本水平。在这一过程中，河北需要将"强内力"与"借外力"有机结合。"强内力"，指的是河北要从自身人力资本宏观、微观投资入手，不断改革完善体制机制，持续提升人力资本的投资水平，加大人力资本的自身"造血"能力；"借外力"，指的是河北需要充分利用好京津的人力资本优势，加大对京津中高端人才的引进共享力度，以助力实现自身人力资本结构的转型和优化。在未来的发展中，河北只有牢牢抓住人力资本这一"关键要项"，才能做到与京津发展的同频共振，才能有效推动京津冀协同发展国家战略目标的实现。

---

① 张树建、高素英、郑俊丽、张艳丽：《人力资本与区域经济收敛性关系研究》，《河北工业大学学报》2012年第6期，第101—102页。

京津冀协同发展背景下河北省人力资本积累路径的研究，需要重点把握三个核心命题：一是准确把握人力资本与区域经济发展的相关关系；二是深入探究人力资本在京津冀协同发展中的作用机理；三是全面阐述河北省人力资本积累的路径，并提出针对性政策建议。

二 研究意义

京津冀协同发展是当前学术界研究的热点问题，国内外学者分别从不同学科领域、不同角度对此进行了大量研究，并形成了较为清晰完整的理论分析框架体系。与其他学者研究不同的是，本书将研究视角与对象做了进一步聚焦。一是将人力资本从众多因素中相对剥离出来，将其作为影响京津冀协同发展的核心要素之一进行系统化研究，运用面板数据科学验证人力资本在京津冀协同发展中的作用、作用方式、作用程度等；二是始终将京津冀协同发展作为背景贯通全文，深入探讨河北省人力资本积累的路径问题。当前，河北正处于"调结构、转方式、促增长"的关键时期，将人力资本与河北省的经济社会持续健康发展紧密联结起来，将人力资本与京津冀协同发展的历史机遇联结起来，展开有针对性的专题研究，具有十分重要的理论意义与应用价值。

（一）理论意义

一是有益于进一步丰富人力资本相关理论。本书在对比京津冀三地人力资本存量差距时，尝试构建了人力资本丰裕估算模型，较为直观、综合地对比出了三地在教育、科技水平、职业培训、医疗健康、人口迁移等多个人力资本维度上的现状差距，有效地避免了单一维度指标可能造成的片面性。此外，本书在验证人力资本在京津冀区域经济趋同中的作用以及影响程度时，还采用了国际上较为流行的 Jorgenson – Fraumeni（J – F）终身收入法来测度京津冀三地的人力资本存量与水平，较好地实现了对教育、培训、迁移、"干中学"等人力资本要素的有效覆盖，避免了因人力资本指标度量不当引起的实证偏差。[1]

---

① 李海峥：《中国人力资本的度量：方法、结果及应用》，《中央财经大学学报》2014年第5期，第69—78页。

这些探索均有益于从实证模型的选取、建构以及人力资本的测度上进一步丰富人力资本理论。

二是有益于进一步丰富人力资本与区域经济发展相关理论。本书针对人力资本与区域经济趋同性发展问题，通过 Barro 和 Sala – I – Martin 模型，不仅得出了人力资本在作为控制变量前提下，京津冀三地之间呈现出 β 条件收敛的结论，而且还在此基础上，进一步通过人力资本有效劳动模型与外部性模型，量化分析了人力资本、物质资本等不同要素在京津冀三地经济发展中的贡献程度，以及人力资本"外部效应""溢出效应"的发挥效果。这在一定程度上进一步验证了新古典经济增长理论与新经济增长理论中关于区域经济趋同与人力资本外部性的有关结论，丰富了人力资本与区域经济发展理论。

（二）应用价值

一是为河北相关政府部门提供有益的决策依据。破解京津冀协同发展难题，在对接京津、服务京津中实现河北跨越式发展，关键在于不断补齐河北在人力资本上的"短板"，持续改善与提升人力资本质量水平。要实现这一目标，需要河北多层面、多渠道拓展人力资本积累路径。本书分别从人力资本宏观投资、人力资本微观投资、借力京津人力资本等多个层面，既看存量，也看增量；既做横向比较，也做纵向分析，多向度对河北省人力资本积累的路径进行系统分析与研究。不仅包含现状解读与问题剖析，还提出相应政策建议，能够为河北相关政府部门提供有益的决策依据。

二是为河北借力京津人才智力资源提供决策支撑。河北省人力资本积累的路径选择，离不开当前京津冀协同发展的大势。与其他仅聚焦于河北人力资本内部投资或流动的成果不同，本书在分析河北省人力资本宏观、微观投资的基础上，还将重点放在了河北如何借力京津人力资本、加大从京津招才引智等内容上。所提出的政策建议，能够为河北借力京津人才智力资源提供决策支撑。

三是为建立健全河北人力资本积累长效机制提供有益思路。加大河北人力资本投入，持续提升河北人力资本存量水平，是贯彻"人才兴冀""人才强冀"发展战略的关键举措。加大人力资本投资，不仅要靠短期的方法举措，更要靠长期体制机制的建构。本书在梳理人力资本积累各路径的基础上，进一步在顶层设计层面、从建章立制的角度对今后河北省建立健全人力资本积累的长效机制提出对策建议，具有较高的应用价值。

第二节　国内外研究述评

为准确把握本书的研究现状，本书有必要在开展研究时，先对当前国内外相关研究成果进行较为全面的梳理与总结。

一　关于人力资本及积累相关问题研究

目前，人力资本相关问题的研究得到了国内外学者的广泛关注。诚如马克布劳格所言，人力资本的研究框架显示了一种简单，但令人惊讶的丰富性，几乎在每个经济学分支都提出了新的研究课题。[①] 这一点在国内人力资本一般理论研究中体现得尤为明显。

基于人力资本"舶来品"的特殊属性，国内众多学者首先对其基本内涵、分类等问题开展了系列研究。

李建民、杨建芳等认为，人力资本是具有经济价值的知识、技术、能力和健康等质量因素之和。章海山通过研究进一步认为，人力资本不应仅仅包括个人体质、智质、知识素质、技能等因素，还应是个人品质的综合体，而个人品质正是道德伦理的表现。周其仁认为，研究人力资本的基本定义，不能脱离人这个最基本的载体，为更大发挥人力资本效能，对人的激励就显得不可或缺。逯进等基于前人研究成果，进一步丰富了人力资本的基本内涵。他认为，人力资本是凝聚在人身上，能够带来经济收益，并需要一定激励才能发挥出来的知

---

① 许和连、亓朋、祝树金：《人力资本与经济增长研究进展述评》，《财经理论与实践》2007 年第 1 期，第 85 页。

识、技能、健康以及道德伦理等所构成的无形资产。① 以上关于人力资本的定义，很多国内学者基于自身的研究成果，给出了不同的答案。王金营认为，综合来看不外乎一方面是以人力资本的内容为核心进行的定义，另一方面是以人力资本的功效为核心进行的定义，两者各具所长，不能一概而论。②

相比人力资本的定义，刘勇等认为人力资本的分类研究显得有些薄弱，而且已有的分类几乎都是为了满足研究者自身思辨研究的需要，缺乏对人力资本在一般层面上的统一划分和相关的实证研究。他认为，人力资本应基于人力资本性质、人力资本所有者类型以及人力资本所蕴含的知识类别来进行分类。③ 与之观点不同的是，国内其他学者提出了人力资本应该基于现有与未来价值进行分类，基于人类拥有的能力分层分类以及基于人的心理需求层次分类等。逯进等认为，当前对于人力资本的划分并未形成完全固定的模式，今后随着这一领域研究的深入及其与不同学科的相互渗透，人力资本将会出现更多不同的划分方法。④

一般来看，人力资本积累主要包含人力资本投资与人力资本流动两方面内容。对于这两方面的相关内容，国内外学者也呈现了较高的研究热度。

关于人力资本投资，人力资本之父舒尔茨认为主要包含 5 种类型：医疗和保健；在职人员培训；初等、中等和高等教育；不是由企业组织的那种为成年人举办的学习项目，包括农业技术推广项目；个人和家庭适应于变换就业机会的迁移等。与舒尔茨观点略有不同的

① 李建民：《人力资本通论》；杨建芳：《人力资本形成及其对经济增长的影响》；章海山：《人力资本的伦理意义》；周其仁：《市场里的企业：一个人力资本与非人力资本的特别合约》，转引自逯进、周惠民《人力资本理论：回顾、争议与评述》，《西北人口》2012年第 5 期，第 47 页。
② 王金营：《区域人力资本积累和开发机制研究》，人民出版社 2013 年版，第 47 页。
③ 刘勇、张徽燕、李瑞凤：《人力资本的定义与分类研究述评》，《管理学家》（学术版）2010 年第 11 期，第 50—58 页。
④ 逯进、周惠民：《人力资本理论：回顾、争议与评述》，《西北人口》2012 年第 5 期，第 47—52 页。

是，霍夫曼从经济学的视角认为，人力资本投资应包含各级正规教育；在职训练活动；改进健康照顾；父母用于照看孩子的时间；工人寻找工作的活动；工人从一个地区向另一个地区的迁移 6 个方面。聚焦国内，张凤林基本延续了舒尔茨的主要观点，他认为，人力资本投资应主要包括保健投资、教育投资、培训及"干中学"投资、人力资本迁移投资以及信息投资 5 个方面。① 王宝、郭荣丽在总结前人研究成果基础上，将传统的人力资本投资内容做了进一步延展。他们认为，人力资本除了传统的医疗保健投资、教育投资、职业培训、人力迁移与信息投资外，还应包括心理健康方面的投资，即可以将人力资本的投资内容从单纯的知识技能与身体健康，扩展到心理健康层面。② 除人力资本投资的内容外，唐慧超等还对人力资本投资主体进行了系统研究。他们认为，人力资本投资主体不应仅仅包含政府一个主体，还应该实现人力资本投资的社会化与多元化，应建立以政府投资为基础，以个人和企业投资为主体，各有重点、相互配合、良性互动的投资体系。③

关于人力资本流动，贾冀南认为，由于人力资本的载体是人，所以在某种程度上可以认为，人力资本流动是人口流动的一部分，人口流动必然会带动人力资本的流动。研究人力资本流动理论，必然会涉及人口流动理论。④ 而关于人口流动的相关研究，国内外已经广泛形成了较为成熟的理论体系，如刘易斯于 1954 年创建的刘易斯—费景汉—拉尼斯模型、托达罗于 1960 年创建的托达罗模型、罗杰斯创建的流动人口年龄表模型、雷文斯坦于 1880 年提出的人口流动理论，赫伯尔于 1938 年提出的推—拉（Push‑Pull）理论等。此外，对于影

---

① 张凤林：《人力资本理论及其应用研究》，商务印书馆 2007 年版，第 15—25 页。
② 王宝、郭荣丽：《人力资本投资途径新探》，《哈尔滨商业大学学报》2009 年第 5 期，第 58—60 页。
③ 唐慧超、李刚：《人力资本投资主体多元化问题初探》，《新疆师范大学学报》（哲学社会科学版）2003 年第 3 期，第 80—84 页。
④ 贾冀南：《河北省经济增长的人力资本集聚机制理论与实证研究》，北京电子工业出版社 2013 年版，第 21 页。

响人力资本流动的因素，王金营、伏绍宏等国内学者也分别从利益诱导机制、国家宏观政策、经济发展水平、城市化水平、产业集聚水平、增长极等方面展开过相应研究。①

基于以上研究成果可知，经过不断的迭代发展，当前人力资本及其积累理论已经形成了较为完善的理论体系。开展人力资本积累路径研究，需要在充分借鉴前人研究的基础上，结合自身特定研究对象与范畴，进行有的放矢的全面、深入研究。

二　关于人力资本与区域经济增长问题研究

寻求经济的持续、快速、健康发展一直是学界关注的焦点，现代人力资本理论的产生和发展正是源于经济发展与增长理论的不断完善和扩展。经济学家对于经济增长之谜孜孜不倦的探究，也随之带来了人力资本理论的繁荣。与此同时，人力资本理论的发展也为经济增长理论的再次繁荣奠定了重要基础。② 在某种程度上可以说，现当代的经济理论发展史，也即是人力资本理论的发展史。两者是紧密结合、不可分割的共同体。

关于人力资本与区域经济增长之间的关系，已经形成了一套较为完整的理论体系。从古典经济增长理论中的哈罗德—多玛模型，到新古典经济增长理论中的索洛模型，再到新经济增长理论中的阿罗—宇泽模型、罗默与卢卡斯模型，人力资本作为经济增长中的要素之一，经历了从"外生变量"向"内生变量"、"次要要素"向"核心要素"的转变。人力资本及其外部溢出效应在推动经济发展中的作用，逐渐得到理论界的关注与认可。

除理论研究成果外，关于人力资本与经济增长的实证研究也取得了较大进展。Romer 在对教育投资与经济的关系进行探索时，发现由教育投资所引起的人力资本积累会推动经济的发展，得出人力资本积

---

① 伏绍宏：《欠发达地区人力资本开发与积累的理论与实践》，西南财经大学出版社2009 年版，第 17 页。

② 逯进、周惠民：《人力资本理论：回顾、争议与评述》，《西北人口》2012 年第 5 期，第 50 页。

累与经济增长之间存在显著正向促进关系的重要结论。[①] Barro 等将健康人力资本引入经济增长模型中，进一步丰富了人力资本的内容。他通过分析新经济增长模型，发现提升健康人力资本的初始水平在一定意义上也会促进经济增长。[②] 此外，Benhabib 和 Spiegel 利用 Kyriacou 的人力资本指标（1965—1985 年劳动力平均受教育年限）、Summers 和 Heston 的 GDP 数据、劳动力数据以及 78 个国家的物质资本数据，研究发现人力资本存量的作用主要通过受教育人群吸收科学技术和创新技术实现，且物质资本和产出水平的增长率与人力资本存量有着正向的显著联系。[③] 在国内，高素英等利用 1978—2002 年河北省的面板数据，科学验证了人力资本是经济增长与发展的内生要素与"动力引擎"的假设。[④] 罗润东等通过构建京津冀、长三角、珠三角人力资本竞争力指标体系和相关数理分析，得出了人力资本对京津冀、长三角和珠三角地区的经济发展具有显著推动作用的结论。[⑤]

　　研究人力资本与经济发展的相关关系，还需要进一步基于新古典经济模型与新经济增长模型探讨人力资本在促进区域经济趋同（收敛）中所发挥的作用影响。对此，蔡昉、都阳基于 1978—1998 年数据验证得出，将人力资本作为条件变量后，中国的东、中、西部区域可存在条件趋同的结论。[⑥] 史修松、赵曙东在一般趋同模型变量基础上，通过加入空间交叉变量，验证得出物质资本能够改善并控制经济

　　① Romer, P. M. , "Increasing Returns and Long – run Growth", *The Journal of Political Economy*, 1986, pp. 1002 – 1037.

　　② Barro, R. J. , & Lee, J. W. , "International Measures of Schooling Years & Schooling Quality", *The American Economic Review*, 1996, pp. 218 – 223.

　　③ Benhabib, J. and Spiegel, M. , "The Role of Human Capital in Economic Development: Evid – ence from Aggregate Crossc – Country Data", *Journal of Monetary Economics*, 1994 (2): 143 – 174.

　　④ 高素英、张燕：《人力资本与河北省经济增长的实证研究》，《河北工业大学学报》2005 年第 2 期，第 36—36 页。

　　⑤ 罗润东、刘文：《人力资本对区域经济发展的作用及其评价》，《学术月刊》2008 年第 8 期，第 86—88 页。

　　⑥ 蔡昉、都阳：《中国地区经济增长的趋同与差异——对西部大开发战略的启示》，《经济研究》2000 年第 10 期，第 30—35 页。

增长的趋同方向、促进区域经济增长趋同，而人力资本与技术进步却使经济增长趋异的结论。[①] 这一结论与"卢卡斯悖论"的思想不谋而合，即落后地区要想迎头赶上发达地区的发展，就必须变依靠物质资本驱动为依靠人力资本与技术驱动，否则在"循环累积"的作用下，将持续拉大与发达地区的差距。[②]

值得注意的是，国内外关于人力资本与区域经济增长关系的实证检验，虽然得出了许多令人信服的结论，但由于存在人力资本度量指标异质性、标准性的问题，往往存在一定的实证偏差，这一点在国外学者 Krueger、Lindahl 和 Mulligan 的研究过程中得到了验证。[③]

三 关于人力资本与京津冀协同发展问题研究

随着京津冀协同发展上升为国家战略，理论界有关京津冀协同发展的学术研究成果日渐增多。杨志荣基于历史角度，纵向研究京津冀从一体化到协同发展的演变历程及未来发展路径。[④] 张景秋等学者基于外部角度，探究国外区域发展经验对京津冀协同发展的启示。[⑤] 有的学者则基于内部角度，深度剖析影响京津冀协同发展的各类因素。如魏进平等认为，"行政困境""市场困境""生态困境"和"文化困境"四方面的因素，是导致京津冀协同发展速度缓慢的原因。[⑥] 吴群刚、杨开忠分别从区域空间格局论、制度安排不足论、区域发展缺乏规划论等方面分析了制约京津冀协同发展的因素，得出正是由于三地

① 史修松、赵曙东：《中国经济增长的地区差异及其收敛机制（1978—2009）》，《数量经济技术经济研究》2011 年第 1 期，第 51—62 页。

② Gunnar Myrdal 的"循环累积因果论"指出，社会经济中各因素间存在一定的循环往复因果关系。在特定因素的影响下，区域的差距不仅没有缩小，反而呈现逐渐扩大趋势，且一旦差距出现，发达地区就会持续不断地获得累积竞争优势。

③ 许和连、亓朋、祝树金：《人力资本与经济增长研究进展述评》，《财经理论与实践》2007 年第 1 期，第 85—88 页。

④ 杨志荣：《京津冀协同发展问题研究综述》，《青岛行政学院学报》2015 年第 6 期，第 44—47 页。

⑤ 张景秋、孟醒：《世界首都区域发展经验对京津冀协同发展的启示》，《北京联合大学学报》2015 年第 4 期，第 32—36 页。

⑥ 魏进平、刘鑫洋、魏娜：《京津冀协同发展的历史回顾、现实困境与突破路径》，《河北工业大学学报》（社会科学版）2014 年第 2 期，第 1—5 页。

之间的产业分工与结构重叠，才最终导致三地协同性不高的结论。①
张可云、蔡之兵从北京与首都的关系、北京与天津的关系以及北京与
河北的关系出发，分析得出，正是北京特殊的行政位置，一直未能有
效参与京津冀一体化的顶层设计，才导致了京津冀经济社会发展的
失衡。②

在诸多的影响因素中，贾冀南、孙翠兰等学者认为，造成京津冀
发展不平衡、不协调的因素很多，其中一个不容忽视且需要引起学
界、政界高度重视的是人力资本在推动京津冀协同发展，尤其是促进
京津冀经济一体化过程中的作用。③④ 关于这一结论，张树建、何成
东通过实证研究进行了证实。⑤⑥

尽管越来越多的国内学者开始从人力资本的视角研究京津冀的协
同发展问题，且在实证研究上还取得了一定成果，但由于人力资本统
计上的偏差与研究样本的经济稳态要素不同，这些研究成果在京津冀
三地人力资本存量水平的测算与对比分析、人力资本在推动京津冀趋
同（收敛）中是否发挥了作用，发挥的作用程度如何等方面，仍未得
出令人十分信服的结论。另外，也缺乏有关河北省在对接京津、服务
京津中如何通过补齐人力资本"短板"，加快自身发展方面更有针对
性的系统研究。

---

① 吴群刚、杨开忠：《关于京津冀区域一体化发展的思考》，《城市科学》2010 年第 1
期，第 11—14 页。

② 张可云、蔡之兵：《京津冀协同发展历程、制约因素及未来方向》，《河北学刊》
2014 年第 6 期，第 101—105 页。

③ 贾冀南、王金营：《河北省人力资本流失对京津冀经济一体化的影响及对策》《河
北学刊》2009 年第 3 期，第 217—219 页。

④ 孙翠兰：《京津冀地区人力资本的差异及其成因》，《铜陵职业技术学院学报》2009
年第 1 期，第 1—5 页。

⑤ 张树建：《人力资本与区域经济协同发展研究——基于京津冀经验证据》，博士学位
论文，河北工业大学，2012 年，第 87—96 页。

⑥ 何成东：《人力资本与京津冀地区经济协调发展》，硕士学位论文，首都经济贸易
大学，2008 年，第 28—38 页。

第三节　总体框架与研究方法

一　研究思路

做好京津冀协同发展背景下河北省人力资本积累路径研究，需要抽丝剥茧式的由浅入深分析，也需要披沙拣金式的由粗至细研究。在认真梳理与系统总结国内外学者相关成果的基础上，本书形成以下研究思路。

一是夯实立论基础、做好理论铺垫。本书先用两章（第二、第三章）的篇幅系统介绍了人力资本、区域经济发展，以及人力资本与区域经济协调发展等相关理论的研究成果，从而为进一步研究京津冀区域经济协调发展，探求人力资本内在影响机理提供理论依据和分析视角。

二是突出现实背景、聚焦研究主题。本书始终以京津冀协同发展这一宏大背景作为河北人力资本积累路径研究主题立论的现实基础，专门设定一章（第四章）内容，不仅梳理了京津冀协同发展的历史沿革，而且通过统计数据客观分析了京津冀三地在多领域存在的显著差异，以为后续聚焦河北在对接京津、服务京津中如何通过补齐人力资本"短板"，加快自身发展做出引导和铺垫。

三是以数据为基础，强化实证检验。本书在理论分析的同时，分别在三章（第四章至第六章）内容中运用大量最新的统计数据，对京津冀三地人力资本存量、人力资本宏观、微观投资状况进行对比分析。同时还在第四章使用2000—2014年的面板数据对人力资本与京津冀经济收敛关系及人力资本对京津冀经济发展的贡献进行了验证，并得出有益结论。

四是区分不同层面，突出重点路径。本书紧紧围绕河北人力资本积累路径的研究主题，集中通过三章（第五章至第七章）内容按照从"宏观"到"微观"、从"强内力"到"借外力"、从"造血"到"输血"的分析逻辑，分别就河北省人力资本宏观投资、人力资本微观投资、借力京津人力资本三个向度的人力资本积累路径进行阐述，并就河北顺应京津冀协同发展大势，进一步加大人力资本投资，特别是借力京津人力资本，全方位提升人力资本存量水平等提出对策建议。

五是延伸拓展分析，深化制度保障。笔者认为，延展并拓宽河北人力资本积累路径，提升河北人力资本效能，需要从体制机制入手，以最大限度实现人力资本积累的制度化、常态化、永续化。为此，本书特别在最后一章（第八章），从顶层设计，从建章立制及宏观调控和保障的角度对河北省如何建立长效人力资本积累机制问题进行阐述。

二 研究内容

根据以上研究思路，本书共分为八章，其中第四章至第八章为核心内容。

第一章为绪论。主要阐述选题的背景、研究意义和应用价值，梳理国内外相关研究现状，提出重点研究的问题和研究总思路，确定研究方法等。

第二章为人力资本相关理论。主要阐述人力资本的内涵、属性、价值与作用，系统介绍指标描述法、间接估计法、PQLI 指数法、投入与产出法、余额法、J－F 收入法以及受教育年限法等 8 种人力资本测度方法，并就人力资本投资与流动等与人力资本积累相关的理论及研究展开论述，为后续研究做理论上的铺垫。

第三章为人力资本与区域经济协调发展。围绕人力资本与区域经济协调发展的关系，重点阐述区域经济均衡与非均衡发展理论，剖析影响区域经济发展的各个影响因素，深入探究人力资本与经济增长、区域经济协调发展的相关关系，为后文进一步研究京津冀区域经济协调发展，探求人力资本内在影响机理提供理论依据和分析视角。

第四章为人力资本与京津冀协同发展。研究对象进一步聚焦在京津冀三地上，通过构建人力资本丰裕估算模型，全面对比京津冀三地在教育、科技水平、职业培训、医疗健康、人口迁移以及就业收入 6 大人力资本指标上的差距。在此基础上，通过构建 Barro 和 Sala－I－

Martin 模型，验证得出将人力资本作为控制变量，京津冀三地之间可呈现 β 条件收敛的结论。最后，通过人力资本有效劳动模型与外部性模型对人力资本要素在京津冀三地经济发展中的贡献程度做了验证分析。

第五章为河北省人力资本积累路径一：人力资本宏观投资。首先从人力资本宏观投资入手，分别基于存量与增量、横向与纵向分析视角，对河北省人力资本教育投资、健康投资以及科技投资等情况进行对比性分析，在此基础上提出河北下一阶段应继续注重人力资本宏观投资，注重"提量"与"提质"并举，以及注重区域内人力资本资源均衡发展等对策建议。

第六章为河北省人力资本积累路径二：人力资本微观投资。从微观人力资本投资的收益率分析入手，对河北省微观人力资本投资的情况，以及河北省与国家层面、其他省市层面存在的差距情况进行对比分析，在此基础上提出河北省应不断提升居民综合收入水平，不断加大政府相关投入，以及不断改善人力资本投资体制机制对策建议。

第七章为河北省人力资本积累路径三：借力京津人力资本。主要阐述在京津冀协同发展历史机遇下，河北应如何抢抓机遇、充分利用毗邻京津的地理优势，做好面向京津两地的招才引智工作。该章从分析河北借力京津人力资本的动因入手，在客观描述现状与不足的基础上，分别从树立先进的借力引才观念、制定比较优势明显的招才引智政策、进一步加大柔性引才力度、不断优化产业结构与发展布局、打造一流的招才引智平台、建立健全京津人才服务体系、完善招才引智体制机制 7 个方面，对下一阶段河北省的招才引智工作提出对策建议。

第八章为河北省人力资本积累的宏观调控与保障。作为本书的结尾部分，本章在河北省人力资本积累路径探索的基础上，针对人力资本积累更为深层次的问题，从宏观调控和保障的角度分别就人力资本投资体制的改革与创新、人力资本收益分配制度的改革与创新，以及人力资本市场配置机制的建立与完善等问题做进一步论述。

三　研究方法

研究方法基于研究的问题而确定。本书在理论研究和实证研究相结合的方法论原则基础上，根据实际研究的问题，主要采用如下的研究方法。

（一）文献研究法

文献研究法是指通过对相关文献的搜集、鉴别、整理与分析，形成对科学事实基本认识的一种研究方法。文献研究法既包括资料的收集方法，也包括对资料的分析方法。经过几十年的发展，国内外学术界在人力资本投资、人力资本流动、人力资本与区域经济发展等诸多研究领域已经形成了较为成熟健全的理论体系。本书聚焦京津冀协同发展背景下的人力资本积累问题，需要准确把握人力资本及区域经济发展基础理论，需要广泛学习借鉴最新、最前沿的理论研究成果。本书在撰写第二章、第三章时，即主要应用了文献研究法。

（二）比较研究法

比较研究是根据研究对象之间在某些方面的相似性或者不同点所进行的对比分析，相对于单一陈述，该方法有助于找出事物间存在的差距，有助于深刻把握事物的内在本质。本书广泛应用了比较研究法。特别是在第四章，通过大量统计数据对京津冀三地间的经济社会发展差距进行了对比分析；通过运用人力资本丰裕模型对河北与京津两地在教育、医疗、迁移等方面的人力资本水平差距进行了对比分析。

（三）定量分析与定性研究相结合的方法

对经济学科而言，定量分析与定性研究是相辅相成的两种研究方法。定量分析是定性研究的前提和基础，定性研究只有建立在翔实的定量分析的基础上，才能揭示出事物的本质和特征。本书在验证人力资本与京津冀协同发展之间的关系时，特别注重了两种方法的结合。一方面，基于国家与河北省的官方统计数据与权威报告，利用 Barro 和 Sala - I - Martin 模型、人力资本有效劳动模型和外部性模型对两者的相关关系进行科学的定量分析；另一方面，也基于国内外最新研究成果，对人力资本与区域经济发展相互作用的内在机理进行定性研究。定量分析与定性研究的有机结合，能够在较大程度上确保研究的科学性与严谨性。

（四）静态分析与动态分析相结合的方法

马克思唯物辩证法认为，一切事物都是不断发展的，要学会用发展的眼光看问题。本书在研究河北省人力资本宏观、微观投资问题时，即将静态的存量分析与动态的增量分析有机结合起来，并达到了从存量中看现状、从增量中看发展、从立体中看变化的分析效果。

（五）统计分析方法

统计分析是资料分析中最重要和应用最广泛的分析方法。本书在统计资料分析和处理方面，主要以 SPSS 19.0 统计数据分析软件作为工具进行统计分析，用到的统计分析技术主要有描述性统计分析（Descriptive Statustic Analysis）和回归分析（Regression Analysis）。

第二章　人力资本相关理论

人力资本理论作为西方经济学领域迅速发展起来的一种理论，具有非常丰富的内容。1960年，舒尔茨在美国经济学年会演说中对"人力资本理论"所进行的系统论述，被普遍认为是"人力资本理论"正式产生的标志。也有学者认为，人力资本理论实际上经历了三个发展阶段：一是以亚当·斯密和约翰·穆勒为代表的早期人力资本思想；二是20世纪60—80年代以舒尔茨和贝克尔为代表的当代人力资本理论；三是20世纪80年代以罗默和卢卡斯为代表的现代人力资本理论。

就现当代人力资本理论研究而言，除舒尔茨的系统性研究之外，主要还有三个方面、两条主线的研究。三个方面是指：以贝克尔为代表的微观视角的人力资本投资与收益研究；以卢卡斯和罗默为代表，在继承舒尔茨关于人力资本促进经济增长基本思想基础上，强调人力资本要素内化的"新经济增长理论"研究；以丹尼森等为代表，运用计量经济学的方法，对人力资本有关问题展开的统计、计量、评估等方面的研究。两条主线是指：人力资本的经济增长功能主线和人力资本投资收益及报酬分配主线。

本章不对人力资本理论做全面梳理，只基于人力资本积累的主题，重点围绕人力资本的内涵、属性、价值与作用，人力资本的测度方法，人力资本投资与流动等与人力资本积累相关的理论及研究展开论述，以期为后续研究做好理论上的铺垫。

第一节　人力资本概念及价值

一　人力资本的内涵

传统经济学认为，劳动力与资本虽都属于生产要素，但却是两种不同的要素，前者是同质的人力投入，后者是物质投入。人力资本既与劳动力相关，又与资本密不可分。有关人力资本的含义，不同研究背景的学者给出的定义也不同。张生太等总结归纳起来大致有两种观点，一种观点认为，人力资本是指依存在劳动者身上，通过劳动者的数量和质量表现的资本。这一观点将劳动者数量也包含在人力资本的范畴之内，视人力资本为劳动者数量与质量的统一。在对人力资本进行研究时，通常将人口构成、人口总量、人口营养状况、受教育情况以及人的主观能动性等作为重点。即从数量和质量两方面考察人力资本，称为广义的人力资本。另一种观点是将人力资本定义为：以劳动者本身为载体，通过资本的投资转化，形成劳动者知识、技能与工作能力的资本。这一观点仅认为劳动者的质量属于人力资本范畴，通常只将人力资本质量的构成、影响人力资本质量的因素、提高人力资本质量的途径等作为研究的侧重点，可称为狭义的人力资本。上述观点的差异由各学者不同的研究背景与研究方向而产生，一般人口学者相对倾向于前者，经济学者相对侧重于后者。随着社会的发展与进步，以及科学研究思路和领域的拓展，人口学专家及学者也越来越重视人力资本质量方面的研究。不过，人口学专家更倾向于对人口质量、国民总体素质提高等方向的研究；而经济学家则倾向于对人力资本投资收益、人力资本质量对经济的影响等方向的研究。①

综合广、狭义人力资本认识，人力资本在内涵上至少包括三部分内容：第一，人力资本的载体是劳动者（具体指具有一定劳动能力的

---

① 张生太、闫淑敏、段兴民：《对人力资本若干理论问题的再思考》，《生产力研究》2003年第3期，第36页。

劳动者)。人力资本的质量与劳动者的数量相互依存,两者密不可分,共同构成人力资本。我国由于人力资本数量较大,而质量偏低,有关人力资本的研究往往偏重于人力资本质量,一定程度上影响了人力资本测度的准确性。从理论上讲,人力资本应该是一个完整的概念,数量和质量不可偏废,都应纳入人力资本研究的视野。第二,人力资本是通过投资形成的。投资的路径主要包括:旨在维持基本劳动体力的健康投资;旨在提高智力和知识技能等的教育培训投资;以及旨在提升人的创新能力的科技投资。三方面投资共同形成人力资本。第三,人力资本通过蕴含于人身体上的知识、技能、能力与健康素质等来衡量。知识、技能、能力与健康等是人力资本的表现形式,衡量一个人人力资本的高低,就要从这些方面进行全面考察。

综上所述,人力资本的内涵可表述为:人力资本是指通过对劳动者健康、教育、培训、科技等多方面投资而形成的,体现于一定数量劳动者身上的知识、技能、能力以及健康存量的集合。①

二 人力资本的属性

人力资本属于一种依附在活的人体中的特殊资本,探讨人力资本的属性需要首先揭示资本的属性。

马克思《资本论》深刻论述了资本的形成、含义、特点和属性。他认为,在资本主义私有制前提下,资本是能够带来剩余价值的价值。资本不仅仅是经济学意义上的名词,资本还具有二重属性,即社会属性和自然属性。社会属性是指资本归谁所有的问题,涉及价值判断。价值判断离不开社会生产关系,在资本主义制度下,资本的社会属性建立在生产资料私有制基础上,体现资产阶级在社会中占统治地位的社会关系。自然属性是指资本本身的增值性,不会因为任何制度而改变,即任何所有制条件下资本都是要通过投资进行价值增值的。综上所述,资本的社会属性,关乎的是资本所有权以及资本投资所带来的收益分配权;而资本的自然属性,则关乎资本的运动,从而产生

---

① 张生太、闫淑敏、段兴民:《对人力资本若干理论问题的再思考》,《生产力研究》2003 年第 3 期,第 36 页。

价值增值并实现利润或收益。

人力资本作为资本的一种特殊形态，同样具有社会和自然二重属性。

人力资本的社会属性仍然体现某种社会关系，涉及人力资本在社会中的归属问题，具体说就是所有权以及通过投资而增值的价值分配权（这里统一认定为所有权）问题。人力资本的所有权包括劳动者运用自己的人力资本进行自主劳动而获取对剩余劳动索取权的一系列权利。人力资本的增值应归人力资本所有者（生产者或经营者）占有。从人力资本的排他性分析，一个劳动者身上的任何知识、技能，以及创新能力均依附在其本身，任何他人无法直接掠夺或占有。人力资本具有很强的私有性及排他性。人力资本的所有者、投资者、生产经营者是同一的，人力资本所有者通过将人力资本投入在生产经营中，获得人力资本的增值收益，并且占有它。目前，我国以国家为人力资本的主力投资者，以劳动者个人为人力资本的辅助投资者。由于人力资本投资在某些生产领域具有规模效应，这种外部效应使得以国家为主的投资成为常态。但不可否认的是，随着市场经济的发展，人力资本投资由人力资本拥有者个人进行的趋势也在不断扩大。实际上，劳动者独立承担投资成本并享有投资收益，因在一定程度上刺激了劳动者的投资积极性，所以能够使人力资本配置更加合理，并充分实现其价值。

人力资本的自然属性属于人力资本的增值问题。人力资本与其他资本一样是投资的产物，无论是国家投资，还是个人投资，也无论人力资本归谁所有，人力资本都只有通过投资运作才能产生收益，并不必然受任何社会关系的影响。人力资本的自然属性表明，人力资本同物质资本一样，具有创造利润、收益的能力，即保值和增值的能力。人力资本与物质资本相融合，共同实现资本收益的最大化。

研究人力资本必须在准确把握人力资本二重性的前提下进行。一方面，要注重研究人力资本的归属问题，即人力资本的所有权及其实现形式；另一方面，还要深入研究人力资本的投资，人力资本与物质资本投资的融合，以及人力资本与物质资本的管理等问题。只有这样，人力资本这种特殊的资本形态才能实现增值，并获得尽可能大的收益。①

三 人力资本的价值

人力资本的价值只有在使用时才能真正体现出来。将人力资本投入到商品生产与流通过程中，人力资本的价值即转换成为商品的价值，并通过商品的价值体现出来。人力资本的形成也有其成本，包括投资成本和社会必要劳动时间。劳动者将自身的劳动投入到商品生产中，并不是无偿的；相反，劳动者通过出卖自身的劳动，通过劳动价值转换为商品增值而获得与劳动相匹配的报酬。

可见，人力资本会像商品一样被交换，人力资本天然具有商品的属性，当然也一定具有商品的价值，即具有使用价值和交换价值。

商品的使用价值在功能上能够满足人的某种需求，是一种天然价值。人力资本的使用价值也是在功能上能够满足生产需求的价值。人力资本使用价值的实现必须通过社会劳动，即人力资本只有在劳动和劳务过程中通过与劳动对象和生产资料的结合，才能实现其价值。人力资本的交换价值是指用劳动报酬的形式加以认定的价值。人力资本通过投入到商品生产中才能产生价值，投入需要人力资本被交换和出卖，出卖人力资本的劳动者同时得到相应的劳动报酬，即人力资本的使用价值通过转移到商品中，以换来人力资本的交换价值。

如前所述，人力资本是一种依附在活的人体上的特殊资本。人力资本的特殊性，使人力资本的价值比一般商品的价值更复杂，除使用价值和交换价值外，人力资本还具有独特的创造价值和社会价值。人力资本的创造价值来自人本身所具有的主观能动性，人具有无限的创造性，价值创造自然成为商品所有者和交易者获取利润的重要基础。人力资本的社会价值基于人的社会存在。人力资本投入到生产领域中，通过人的知识、技能、能力创造出新的价值，这种新的价值脱离人本身而存在，对社会总价值产生影响。

---

① 张生太、闫淑敏、段兴民：《对人力资本若干理论问题的再思考》，《生产力研究》2003 年第 3 期，第 37 页。

与经济价值对应，人力资本还具有精神价值。人力资本在生产过程中的交换或投入，换取的往往是物质层面的报酬，满足的是劳动者的生理需求。根据马斯洛需求层次理论，生理需要只是低层次的需求和价值实现，更高层次的需求则是被人尊重、成就感等精神价值的实现。在注重人力资本的使用价值、交换价值的同时，也不应忽视人力资本的社会和精神价值。

另外，从人力资本的构成角度考虑，体力与智力是构成人力资本的重要组成部分，随着社会的发展、科技的进步，体力和智力的价值比重也在发生变化。当科技与生产力落后的时候，人力资本中能体现其价值的部分，或者说能够产生新增价值的决定因素是体力。反之，随着科技的发展，人力资本中的智力要素参与价值增值的权重则变得越来越大，并成为人力资本价值实现的源泉。①

四 人力资本的作用

基于对人力资本的价值分析，人力资本的作用可概括为要素效应、溢出效应和吸纳作用。

人力资本的要素效应，是指在生产过程中，人力资本同物质资本及其他生产要素一样，是必不可少的重要投入要素。随着知识经济时代的到来，信息产业、高新技术产业，整个工业化经济快速发展，人力资本的要素效应愈加明显，在生产函数中起着其他要素无法替代的重要作用。科学技术的飞快发展，得益于人力资本要素的不断强化。一是随着人力资本的投入，劳动生产率不断提高；二是人力资本在生产函数中，其边际效益不但不会递减，反而会出现递增。人力资本的增加，预示着生产要素质量的提高及生产技术的进步，其他要素作用的发挥也更多地依赖于人力资本的水平，进而充分显示出人力资本的要素效应。

人力资本的溢出效应，是指促使其他生产要素边际产出率增加，从而达到节约其他生产要素的效应。溢出效应也表现为，随着人力资

---

① 张生太、闫淑敏、段兴民：《对人力资本若干理论问题的再思考》，《生产力研究》2003 年第 3 期，第 37 页。

本投入的增加，人力资本自身的劳动生产率也随之不断提高。明塞尔的研究表明，人力资本在投资过程中，不仅使自身效率得以增加，同样也使物质资本的效率得以提高，从而对整个生产过程产生重要的推动作用。另外，人力资本的溢出效应还表现为能对其他人产生影响，一个人在增加人力资本投资的同时，不仅提高了自身效率，还通过榜样作用带动他人提高了生产效率。

人力资本的吸纳作用，具体是指一国丰富的人力资本，在全球范围内吸纳和组合各类生产要素的能力。人力资本能有效弥补本地物质资源的不足，推动本地经济更好、更快地发展。在经济全球化背景下，人力资本的这种吸纳作用尤其显著。对某一国家或地区而言，即便在物质资本、资源等其他要素上不具有优势，如果重视加强对人力资本的投资，强化对人力资本的积累，一样可以通过促进科学技术的发展，来有效弥补资本、资源上的不足。这一点，对于发展中国家或欠发达地区实现经济跨越式发展显得尤为重要。[1]

第二节　人力资本的测度方法

对人力资本的测度，是一个长期以来困扰经济学家的问题，已引起了包括世界银行在内的许多部门和专家的广泛重视，但至今仍未找到一种公认的好的测度方法。对它的测度，目前大致有如下几种典型方法。

一　指标描述法

指标描述法一般通过两大类指标来反映人力资本的存量。一是反映人口的科学文化素质的指标，主要有：人口文化水平的构成；受过高等教育者占总人口的比例；在校大学生占总人口的比例；受过中专、中技教育者占总人口的比例；文盲率；从事科学技术研究和应用

---

[1]　石卫星：《人力资本与外商直接投资——兼论卢卡斯悖论》，经济科学出版社 2012 年版，第 33 页。

的人数占总人口的比例；高级知识分子占总人口的比例；科技研究门类和学科设置的齐全程度；各种科研成果的数量及其推广程度；工人技术等级的构成；劳动者文化水平的构成等。二是反映人口身体素质的指标，主要有：平均身高、体重、胸围、坐高；青少年每十年平均身高、体重的增长速度；相对的平均体力和耐力水平；呆、残、低能人口占总人口的比例；遗传病患者占总人口的比例；传染病患者占总人口的比例；婴儿死亡率；平均期望寿命等。由以上所列指标可以看出，指标描述法涵盖了教育、科研和健康等多个方面，是对人力资本存量测度较为全面的一种方法。但由于该方法同时使用了正、负两种指标，如反映教育方面的受过高等教育者占总人口的比例、在校大学生占总人口的比例等为正指标，而文盲率则为负指标。反映健康方面的死亡率为负指标，而平均期望寿命等则为正指标。再加上有些指标并非直接反映人力资本存量，如科技研究门类和学科设置的齐全程度，各种科研成果数量及其推广程度等。这些限制因素均很难使这些指标加总起来用以衡量人力资本的存量，这是指标描述法的缺陷和不足。[①]

二　间接估计法

间接估计法是舒尔茨在研究人力资本时采用的一种方法。舒尔茨运用该方法衡量了农业经营者的能力，儿童质量存量的变化以及教育、健康方面质量存量的变化。其中衡量农业经营者的能力是看其对小麦、水稻高产品种的采用率，采用率高意味着农业经营者在风险中察觉和分析新情况并做出反应的能力大，舒尔茨称这种能力为"企业能力"。衡量儿童质量存量变化采用人均食物消费量的变化，幼儿园、小学招生额的变化和儿童的存活率，以此作为衡量儿童质量存量最有力的间接证据。衡量教育方面的质量存量用分年龄受教育状况的变化来判断，另外用教育投资的状况来间接反映教育方面的质量存量。衡量健康方面的质量存量变化用寿命指标来衡量。这种间接估计的方法可以

---

① 李松柏：《用人口质量指数分析人口质量的缺陷》，《西北农林科技大学学报》（社会科学版）2006 年第 1 期，第 59 页。

从不同侧面反映人力资本的变化情况，但无法测量出总存量的变化。

三　PQLI 指数法

PQLI 是 "The Physical Quality of Life Index" 的缩写，即 "生命素质指数"。该指数由婴儿死亡率、出生时预期寿命和识字率三个指标组成。三个指标与人口质量相关，其中婴儿死亡率、出生时预期寿命反映人口的健康存量，识字率反映人口的教育质量，人口学界用以衡量人口的质量存量，并称为 "生命素质指数"。三个指标均可转换成指数形式，数值范围为 0—100，对三个指数进行加总平均，很容易得出 PQLI 指数。[1] 这种方法计算结果明了，能用一个数值表示出一个国家或地区总的人力资本存量状况，便于比较，值得在人力资本存量的测度上加以借鉴应用。但该指数是衡量一个国家或地区发展水平的，指标选择中有两项反映的是健康存量，只有一项反映的是教育存量。在知识经济发展的今天，人们的健康水平普遍得到了改善，在此情况下，人力资本存量的高低，更多取决于人们受教育的水平，而教育又不仅仅是正规教育，还有在职培训对人力资本存量提高所起到的日益重要作用。因此，仅用这三个指标来反映人力资本存量并不够全面，尤其是反映教育方面的存量，测度的灵敏度还较低。[2]

四　投入法

投入法是选用人力资本投资额指标来度量人力资本规模和水平的一种方法。该方法运用的前提是需要有较全备的统计资料，即不但要有历年的全社会分不同人群人力资本水平的人口和劳动力统计数据，而且还须具备不同人群人力资本水平的货币价值度量数据，另外还需要把分部门、分行业的各种人力资本水平的劳动力从业人数与获得该水平所需投资额相乘加总，才能最终得出人力资本总存量数据。这种方法工作量浩大，收集资料较为困难。实际运用中往往通过选择重点指标来简化程序，如有关文献对人力资本存量的测度，要么基本局限

---

① 米国宏：《人口质量的经济分析》，上海三联书店 1994 年版，第 56 页。
② 闫淑敏、段兴民：《中国西部人力资本存量的比较分析》，《中国软科学》2001 年第 6 期，第 100 页。

于教育投资方面，且侧重于国家财政性教育经费；要么计量年份有限，或通过内插外推估算一段时期内的时间序列数据。指标精简或估算处理后，虽减少了工作量，但容易造成较大的误差，估测的可信度也不高。

五　产出法

产出法是指间接地通过实践的结果（人力资本的实际使用即在市场经济条件下表现为完全货币工资）来衡量人力资本存量的方法。我国学者李忠民曾提出一个人力资本度量模型，具体测度方法是：

设 ω_i 为某类人力资本就业后第 i 年的预期货币收入，r 为贴现率，相当于长期（50 年）储蓄利息率，则某类人力资本 t 期的人力资本存量等于从 t 期到其 60 岁的所有预期货币收入的贴现值，即：

$$Z_j = \sum \omega_i / (1 + r)^i$$

$i = 1$ 是指 t 期第 1 年，以此类推。$m = 60$ 岁，表示其参加工作时年龄到 t 期时已工作的年限。

t 期一国人力资本存量则为：

$$Z = \sum Z_j = \sum \left[\sum \omega_i / (1 + r)^i \right]$$

其中，n 代表 t 期一国大于 16 岁小于 60 岁具有人力资本的人口总数，Z_j 代表 j 在 t 期个人人力资本存量的贴现值。在具体估算一国人力资本存量时，还可以通过划分人力资本类型及年龄分组的方法进行。[①]

六　余额法

余额法是世界银行（2006 年）在对 120 个国家的人力资本进行估算时所使用的方法。由于数据和方法的局限，他们就未来消费流作出假设，并以这些消费流的净现值作为对各国总财富的估计。按照世界银行的分类，一国的总财富包括生产性资本、自然资本和无形资本。对于生产性资本存量的价值，他们采用永续盘法进行估算，其中包括建筑物和设备。而对于自然资本，则根据资源租金的现值进行估价，包括不可再生资源、耕地、牧场、森林以及生态保护区。总财

---

① 吴晓兰：《内蒙古自治区人力资本状况及其对经济增长的影响》，硕士学位论文，内蒙古大学，2005 年，第 13 页。

富减去生产性资本和自然资本便是无形资本。无形资本是人力资本、国家基础设施、社会资本，以及外国净金融资产回报的总和。无形资本中之所以包括外国净金融资产，是因为利息债务会影响消费水平。在世界银行所分析的国家中，无形资本将超过总财富一半的国家占将近85%，其中人力资本在无形资本中的比例也将超过社会资本、基础设施等资本的比例。

七 J-F收入法

J-F收入法，即J-Jorgenson和Fraumeni的终身收入法，该方法在人力资本测量领域得到了广泛应用。J-F收入法以个人预期生命期的终身收入的现值来衡量其人力资本水平。假设某个体的人力资本可以像物质资本一样在市场上交易，那其价格就是该个体的预期生命期的未来终身收入的现值。① 采用终身收入而不是当前收入来度量人力资本的一个重要原因就是它能够更加准确合理地反映出教育、健康等长期人力资本投资对人力资本积累的重要性。

该方法具有充分的理论依据，它是用人力资本产生的收入流现值来对人力资本进行的度量。收入（包括隐性收入）可以从市场活动中取得，即为市场收入；也可以从非市场活动中产生，即为非市场收入。市场活动是指劳动者可以通过市场活动生产商品和服务，也可以运用管理方法和创造性思维促进创新和增长并从中获得收入用于购买商品和劳务。而非市场活动包括家庭生产，如做饭、打扫卫生等。人力资本投资既可以产生于市场活动，也可以产生于非市场活动。一般情况下，非市场活动并不纳入人力资本的测算范围。

J-F收入法在很多国家得到了广泛应用，一些国家还用它来构建人力资本账户。如加拿大、新西兰、挪威、瑞典和美国等。该方法的

---

① 李海峥认为，在中国市场经济还不健全的情况下，工资收入并不完全反映边际劳动生产率。因此，在涉及工资的研究中，工资信号存在一定程度的扭曲。在使用收入法估算人力资本时，这个问题同样存在。笔者认为，即使在美国和其他发达国家，工资也并不能完全反映人力资本的边际劳动生产率。即便如此，工资仍然是代表某一特定条件下，度量人力资本最为合理、准确的测量方法之一。笔者相信，随着中国市场机制的不断完善，工资与边际劳动生产率的契合度会越来越高。

主要优点有：一是有充分的理论依据，即基于人力资本产生的收入流来计算人力资本；二是所要求的数据和变量相对容易取得。①

八　受教育年限法

受教育年限法是用劳动者的受教育程度这一单一指标来代表人力资本存量的方法。具体的计算方法较为简单，即将一个国家或一个国家内各个地区 15 岁以上人口中各种文化程度的人数以其相应的受教育年限为权数加总，得出总人口的平均受教育年限，并以此代表劳动力的平均受教育程度。

第三节　人力资本投资理论

一　人力资本投资的内涵与途径

"投资是一定经济主体为了获取预期不确定的改善而将现期的一定收入转化为资本。"② 人力资本投资也是一种投资，经济学大词典（上海辞书出版社 1983 年版）的定义是"一国为了经济发展，在教育费用和公民训练等方面所进行的投资"。

人力资本投资的途径是多种多样的。舒尔茨认为主要有五种类型：医疗和保健；在职人员培训；初等、中等和高等教育；不是由企业组织的那种为成年人举办的学习项目，包括农业技术推广项目；个人和家庭适应于变换就业机会的迁移。

贝克尔认为，"一些活动主要影响未来的福利，另一些活动主要影响的是现在；一些活动影响货币收入，而另一些影响心理收入，即消费"。他认为，人力资本投资的途径主要包括正规学校教育、在职培训、医疗保健、迁移以及收集价格与收入的信息等多种形式。

亚历克斯（A. V. Alex）总结了人力资本形成的各个方面，归

① 李海峥：《中国人力资本的度量：方法、结果及应用》，《中央财经大学学报》2014年第 5 期，第 69—78 页。

② 张中华、谢进城：《投资学》，中国经济出版社 1996 年版，第 5 页。

纳为五类十四种：一是研究与发展类，包括导致知识的创造和积累的发明活动；促进有关物质世界和人类知识有效传播和应用的创新活动。二是教育类，包括由父母投资的作为代际教育后果的家庭非正规教育；通过各级教育机构而进行的正规教育；对适龄劳动者进行的包括农业在内的广泛项目的成人教育。三是培训类，包括在职培训，由公司组织的以传授一般或特殊职业信息为目的的各种培训；由家庭组织的传统的从父母到孩子的传授技术和知识的培训。四是健康类，包括通常由政府提供的含预防医疗在内的公共卫生服务；由公司组织的各种医疗保健；包含充足的平衡的消费中的营养；所有其他对人类能力有直接影响的诸如穿着、居住等条件。五是迁移类，包括国内迁移；国际迁移；由私人或公共机构提供的导致流动和较高生产率的市场信息服务。①

20 世纪 80 年代后期，以卢卡斯、罗默为代表的经济学家进一步拓展了人力资本理论。卢卡斯将资本区分为"有形资本"和"无形资本"，并将劳动力划分为纯体力的原始劳动和表现劳动技能的人力资本。认为表现劳动技能的"专业化的人力资本"才是经济增长的真正动力，而这种专业化人力资本的形成途径主要有两个：一是通过脱离生产的正规和非正规学校教育；二是通过生产中的边干边学，工作中的实际训练和经验积累。

国内学者张凤林认为，人力资本投资主要包括保健投资、教育投资、培训及"干中学"投资、人力资本迁移投资以及信息投资五个方面②；苏建宁在《新生代农民工人力资本投资与就业关系研究——基于劳动力市场分割背景》一文中提到，人力资本投资主要包含教育投资、培训投资、"干中学"投资以及劳动力流动投资。③

综上所述，本书主要从教育投资、培训投资、"干中学"投资、

---

① 方春英：《中部区域人力资本对经济增长的影响研究》，博士学位论文，武汉理工大学，2006 年，第 38—46 页。

② 张凤林：《人力资本理论及其应用研究》，商务印书馆 2007 年版，第 68 页。

③ 苏建宁：《新生代农民工人力资本投资与就业关系研究——基于劳动力市场分割背景》，硕士学位论文，河北经贸大学，2013 年，第 19 页。

保健投资、信息投资五个方面展开论述。由于人力资本迁移与流动也是人力资本积累的重要路径，该内容将在有关人力资本流动内容部分加以论述。

（一）教育投资

教育投资是人力资本投资中最为重要的一种方式。人们增加教育投资，不仅可以有效地丰富知识存量，还能提高自身的学习能力与理论应用能力，从根本上提高自身的整体素质与未来工作搜寻能力。

未来教育投资的收益主要通过劳动者收入体现出来。在当前知识经济日益发达的年代，劳动者的收入与其自身的教育水平密不可分，在更多的情况下，可以说两者是成正比的。这主要是因为劳动者的报酬与劳动效率紧密相关。一个劳动者通过提高自身的教育水平，可以更多地掌握生产工作技能，在很大程度上提高了工作效率，增加了劳动的单位产出，给生产者带来更多的产品与服务。因此，教育是人力资本投资中最为重要的投资形式，是劳动者增强未来收益的重要投资方式与途径。

（二）培训投资

如果说教育主要着眼于未来的人力资源，培训则直接服务于现实的人力资源，且以增加人力资源的技能存量为根本目的。

培训的形式可分为劳动者就业前培训与在职培训两种。就业前培训泛指劳动者在参加工作之前，通过系统的培训与学习，掌握未来工作技能的过程，如当前的职业高中与技工学校就属于这一类。在职培训是指企业通过一系列学习活动，最终实现增强在职员工技能，提高劳动生产率目标的一种方式。在职培训包括多种类型，如有些单位对新入职员工的"入职培训"与"工作职能说明会"，或者公司通过聘请专职讲师，对公司员工的管理、技能培训等，都是培训的基本形式。

（三）"干中学"投资

在知识经济时代，知识与技能的更新速度不断加快，"干中学"这种"终身学习"的人力资本投资方式越来越受到人们的重视。"干中学"最大的优点在于：劳动者不用花费较多的时间与物质成本，不脱离自己的工作岗位，在工作实践中即可增强自身的人力资本，获取更大的工作收益。本书中，"干中学"主要以工作经验的形式加以体现。

"干中学"一方面体现在"学徒制"的帮扶过程中，另一方面还表现为员工自身通过摸索与实践，在工作中对企业管理生产不断熟悉的过程。基于此，员工个人在工作中不断积累经验，提高熟练程度和劳动效率的所有过程均可看作"干中学"的过程。①

（四）保健投资

所谓保健投资，是指通过对医疗、卫生、营养和保健等项服务进行投资以恢复维持或改善提高人的健康水平，进而提高人的生产能力的过程。从微观角度看，个人增加其卫生、保健等方面的支出，虽然在短时间内产生了成本，但从长远看，个人会因寿命的延长及"无病工作时间"的增加，而直接提高个人的工作效率。从宏观角度看，一个国家或地区增加在医疗、卫生事业方面的投入，有效开展防病、治病、卫生保健与计划生育工作，将会显著提高本地区或全民族的健康水平，增强国民身体素质进而增强其人力资源的潜能。由于人的健康状况决定了人的体力，即人的寿命、力量和耐久力等，而这些又是人的智力或精神活动的重要基础或载体，因此，保健投资也成为其他各种人力资本投资的重要前提与基础。②

（五）信息投资

所谓信息投资，是指通过花费一定的成本来获取有关商品价格、就业机会等市场经济活动中的信息，以实现主体经济决策最优化的一种行为。人总是在现实的市场中做决策和选择，现实中的市场信息是不完全的，为了使个人决策更加科学合理，以及由此进行的经济选择更趋于最优化，人们需要进行信息投资。从此种意义上说，增加有效的信息量也就增加了一个人的人力资本。例如，一个买者如果掌握了

---

① 武立文：《农村劳动力外出就业与人力资本投资相关研究》，硕士学位论文，华南师范大学，2007年，第20页。
② 王慧：《农民工转化为人力资本的对策研究》，硕士学位论文，青岛大学，2009年，第25页。

不同卖者对于商品索取的各种价格信息，就能够以最低的价格购买到该种商品。在这里，导致经济主体改善决策效率的是关于经济体系以及消费和生产可能性的信息，它们虽然与通过正规教育或职业培训所学到的知识与技能不同，但其经济功能是一样的。由此可见，劳动者通过一定的信息投资，可以在无形之中有效增加收益、降低成本。信息投资或信息搜寻，也是人力资本投资中的一个重要组成部分。①

二　人力资本投资与物质资本投资的区别与联系

由于人力资本投资与物质资本投资均属于"资本投资"，因此两者间具有一定的共性特点：

其一，既然均为"资本"，两者投资的最终目的在于获取收益。与物质资本类似，人力资本通过投资，可以获取宏观收益与微观收益、直接收益与间接收益、长期收益与短期收益等各类收益。首先，国家、社会等主体通过教育、医疗与科技等方面的人力资本投资，可以显著提升全体居民的综合素质，有助于提升整个社会的运行效率与精神文明水平。同样，家庭与个人通过人力资本投资，也可以有效提高自身的智力与体力水平，提升就业层次与社会地位。其次，人力资本在投资后，除可以直接收获一定的经济与物质利益外，还可以额外收获包含综合能力提升、道德素养提高、心理需求满足等各类间接收益。最后，人力资本投资回报是一个渐进过程，短期看人力资本的投资与收益并不成正比，但从长远来看，人力资本的综合投资收益会逐渐显现出来。

其二，人力资本投资与物质资本投资均需要"投入"。无论是何种投资，在获取各种投资之前，首先需要给予一定的显性或隐性投入。所谓"没有付出就没有回报"，人力资本在投资过程中，必然会消耗与占用投资主体一定的资金、时间与精力成本。人力资本的投入"多少"与人力资本投资收益"高低"直接相关。

其三，任何投资都具有一定的风险性。与物质资本的投资相同，人力资本在投资过程中也具有一定的收益不确定性与风险性。在科学

① 张凤林：《人力资本理论及其应用研究》，商务印书馆 2007 年版，第 68—70 页。

技术突飞猛进的今天，各类新知识、新发明层出不穷，知识与技术的迭代更新频率比历史上任何一个时期都要快。在这种大背景下，基于当前信息时代背景下的人力资本投资，在不远的将来极有可能陷入知识过时、技能落伍的困境，出现投资与收益不对等的结构性风险。

除共性特点外，人力资本投资与物质资本投资两者间在一些方面还存在显著差异：

一是在可衡量性方面。相较于物质资本投资，人力资本的投资成本与收益难以量化测算。一方面，由于人力资本消费与投资的同步性，所以一般很难将人力资本的成本与收益完全割裂开来单独计算；另一方面，诚如前文所述，加大人力资本投资，可以获取宏观收益与微观收益、直接收益与间接收益、长期收益与短期收益等各类收益。全面、精准、立体地测算人力资本的各项收益，是一项极其复杂与充满挑战的工作任务。

二是在可递增性方面。新古典经济理论认为，物质资本服从边际效应递减规律，持续不断地加大某一地区的物质资本投资，其综合收益会呈现逐渐下降的趋势；而新经济增长理论认为，人力资本服从边际效应递增规律，加大人力资本投资，不仅可以带来经济增长的"正向"收益，还可以带动并提高物质资本等其他生产要素的"溢出"收益。

三是在可转移性方面。与人力资本相比，物质资本所有权可以较为轻松地从一方转移给另一方，流通性更强、买卖自由度更高。由于人力资本是依附于劳动者而存在的，脱离了劳动者的特定母体，人力资本就会荡然无存。因此，在物质资本投资中，作为实物存在的物质资本可以作为抵押向贷款单位进行担保，若到期不能偿还贷款，可将物质资本的所有权转移给贷款单位。而人力资本投资则不能把人力资本作为担保品。人力资本产权的附属性与唯一性，降低了人力资本的可流动性与可转移性。

四是在可变性方面。人力资本的投资收益大小受到各种因素的影响。人力资本既可以迅速升值，也可以迅速贬值，甚至瞬间荡然无存。[①] 与

---

① 王金营：《区域人力资本积聚和开发机制研究》，人民出版社 2013 年版，第 54 页。

物质资本投资相比，人力资本投资一方面要受投资人自身条件与主观能动性的影响，另一方面还要受外部环境的影响。如果人力资本投资方向不当、投资力度不足、投资时效不准，很有可能造成人力资本的贬值与失效。

三　人力资本投资的典型分析

（一）人力资本投资成本—收益模型

加里·S. 贝克尔（Gray. S. Becker）首次将新古典经济学中的微观分析方法应用于人力资本投资分析当中，构建了一套完整的人力资本投资成本—收益模型，丰富了人力资本投资理论，推动了人力资本的发展。其模型的主要内容为：

劳动者在进行人力资本投资后，其预期的未来收益必然高于不进行人力资本投资时的未来预期收益。假设进行人力资本投资后的未来收益为 Y，未进行人力资本投资的未来收益为 X，时间周期为 T（当 T = 0 时表示投资最初期），贴现率为 r。由以上条件可求得两者的现值分别为：

$$F(Y) = \frac{Y}{(1+r)^T} \qquad F(X) = \frac{X}{(1+r)^T}$$

除此之外，劳动者初期在进行教育、培训等人力资本投资时，也要付出一定的直接成本与间接成本。直接成本指的是劳动者在接受学校教育和企业培训时，所要支付的费用和时间精力等；间接成本又称"机会成本"，指的是劳动者如把初期进行人力资本投资的投入，用于其他方面的投资的话，其所能获得的最大效益。设定人力资本投资初期的直接成本为 C1，间接成本为 C2，总成本为 C，总成本 C = C1 + C2。由此，可得出人力资本投资的成本—收益模型为：

$$M = F(Y) - F(X) - C = \frac{Y - X}{(1+r)^T} - C$$

模型中，只有当 M > 0 时，劳动者才会主动进行人力资本投资；当 M < 0 时，未来人力资本的投资收益要小于不进行人力资本投资的收益，劳动者即会降低人力资本投资的积极性，减少或者停止人力资本投资。

在贝克尔的成本—收益分析模型中，各个变量之间相互影响，一个变量的变动，最终都会影响到劳动者的人力投资决策。深入研究贝克尔成本—收益模型，为全面分析人力资本投资行为与过程，提供了重要的参考价值。①

（二）年龄—工资收入曲线

年龄—工资收入曲线能较为直观地反映出人力资本投资的规律。一般的规律是，人力资本投资比较集中地发生在人生早期，也许这时期净收入较低甚至为负，但当过了这一人力资本投资较为密集的时期以后，其净收入将有较大幅度的增长。张凤林等根据人力资本投资的这一规律，画出了人力资本投资年龄—工资收入曲线（如图2－1所示）。

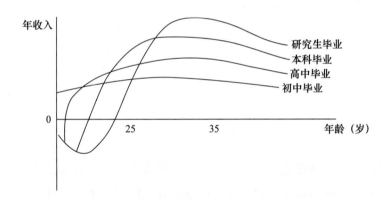

图2－1　人力资本投资年龄—工资收入曲线

在图2－1中，横轴表示年龄，纵轴表示年劳动收入。横轴以下部分为负收入，代表投资成本。从图2－1中可以看出，人力资本投资的年龄—工资收入曲线基本上呈现"S"形状，即在人力资本投资比较集中的人生阶段，收益往往是负数或取值较低。随着教育程度越高，投资期就越长，所支出的成本或负收益往往也就越大。这主要是因为随着投资期的延长，人在教育方面的投资成本（包含直接成本与间接成本）越来越大，所以曲线开始呈下降趋势。一旦投资完成后，人力资本立即投入使用并创造收益，故曲线也会立刻转而垂直上升。而后，随着年龄增长，收益连续逐步上升，直至成年时期达到最高点。

从图 2-1 中我们还可以看出，人力资本投资水平越高，收益曲线就越陡峭；反之，投资水平越低，收益曲线则越平坦。这反映了一个人正规教育程度越高，其自身接受新技术、使用新方法的效率就越高，工资收入曲线的向上倾斜度也就随之越大；反之，亦然。

综上所述，一个人虽然在前期投入了大量的直接与间接成本用于教育，短期内工资收益受到了一定损失，但从长远来看，其获得的综合收益将会远大于未进行高水平人力资本投资获得的总收益。

四　人力资本投资的影响因素

分析人力资本投资的影响因素，需要从人力资本投资的需求因素与供给因素两个方面来研究。

（一）人力资本投资需求的影响因素

从贝克尔的投资—收益率模型可以推断，单纯从经济角度而言，决定人们对人力资本投资需求的基本因素主要有以下几个方面[①]：

一是时间偏好率。时间偏好率的测量标准是，人们在多大程度上对现在的事情比对未来的事情看得更重要。时间偏好越强，意味着人们对于当前利益看得越重；反之，亦然。一般来讲，时间偏好率越高的人们，其人力资本投资的需求就越差。比如一些农村地区的人们，急于让孩子能早日成为家中的劳动力，成为家中的收入来源，对孩子的教育投资积极性就越不高，造成人力资本水平就较低。

二是人的现实年龄。假设人们的平均预期寿命一定，那么对于同一种类或同一水平的人力资本投资来说，投资者现时的年龄越小，其在完成投资后从事实际工作并获得收益的期限便越长。而当时间偏好一定时，未来获得的收益流就越长。现实中我们经常看到，年轻人无

---

① 张凤林：《人力资本理论及其应用研究》，商务印书馆 2007 年版，第 88—100 页。

论对于求学、培训还是工作调动，都比年龄稍长者显示出更大的兴趣，正是反映了这个道理。从图 2 - 1 中也可以看出，如果一个人在年轻的时候投入较大的时间与物质成本进行学习，其可以在未来预知的时间内收回成本并获得比其他人不少的收益。但如果一个人超过了一定的年龄（如 35 岁之上），人力资本收益率在他仅剩的工作时间里，并不一定能很好地弥补所付出的成本，因此，这个人对教育的投资兴趣就会大打折扣。

三是投资成本。经济学一般原理表明，在其他条件一定且保持不变时，投资需求与投资成本之间是成反比的。成本越低，投资需求就越高；反之则相反。这一道理对人力资本投资同样适用，如教育的花费低了（或国家用于教育的补贴力度大了），人们投资教育、开展人力资本投资的积极性肯定就会变高。相反，如果人力资本投资的成本过高，人们就要在投资成本与收益之间进行权衡，投资的积极性就会降低。在这一过程中，还需要关注人力资本在投资时，一共包含了直接成本与间接成本两项支出。这就意味着如果一个人选择更高的学历教育，不仅要花费一定的上学成本，还隐性付出了上学期间从事其他工作可获得相应收入的机会成本（间接成本）。如果这个人学业有成后，其工资收益与较低学历层次的工资收益相差无几，则其上学期间所付出的机会成本就比较大，相比之下选择高阶的学历教育就不是最理性的投资途径。

四是收入差别。假设投资成本一定，人力资本投资者未来工作的年限也一定，那么年收益的数额越大，即未来的工资率越高，意味着投资收益率越高，从而将会产生比较大的投资需求；相反，年收益数额较小，即未来的工资率越低，便意味着投资收益率越低，导致较低的投资需求。例如，同样是上大学，为什么更多的人热衷于经济学等热门专业，而不愿光顾历史学等冷门专业？这其中的缘由之一就在于经济学的市场工作机会以及预期收益数额比历史学专业要高。

五是风险因素。在现实生活中，人力资本的收益率具有不确定性。导致人力资本收益不确定性的风险因素基本上可以分为两个方面：一个是生命意外风险；另一个是市场风险。就后者而言，一般由于人们主观上对于自身能力和经济活动环境方面知识的有限性，难以准确地预见由于经济结构变动的因素或非结构性因素的市场波动，造成人力资本收益率的受损。再者由于人力资本的生产具有时间密集型的特点，通常需要相对固定的生产周期，其相对于经济结构或市场需求变化对于不同类型人力资本的供给动态调整来说，将是滞后与缓慢的。这就造成了一旦发生市场风险，将会使人力资本收益率受损。按照贝克尔的分析，只有当预期的收益率大于无风险的资源利息率，加上流动性便利，再加上相应的风险成本时，一个理性的经济人才能进行人力资本投资。

（二）人力资本投资供给的影响因素

分析人力资本投资供给的影响因素，应首先与人力资本的供给区分开来。人力资本的供给是指已经完成了人力资本投资主体在劳动力市场上的求职行为，这个过程已经不再属于人类资本的开发过程，而属于人力资本的配置过程了。人力资本投资的供给可以从两个层面来考察：

一是同物质资本的供给一样，人力资本投资的供给也是通过各类载体（如学校、医疗机构等）为人力资本投资者提供各类的教育、培训与医疗服务。可以说，人力资本投资的需求，都是依托各种人力资本培训、培养机构提供的服务来满足的。从某种意义上讲，学校等部门可以视为"人才工厂"或"人力资本的生产部门"。从这点来看，人力资本投资的供给与物质资本投资的供给并无显著差异，唯一的不同之处在于：在物质资本投资的场合，供给方卖给需求方的是与其相分离的资本品，而在人力资本投资的场合，供给方卖给需求方的是开发其人力资本的过程，这些服务最终形成了与需求方一体的人力资本。

二是人力资本投资的供给问题，主要指的是人力资本投资的资金融通问题。人力资本投资融资与物资资本投融资相比，具有不同的特点。其中最为重要的一点是，由于人力资本是蕴含于人本身的，而人是不能像物质资本那样可以转让或抵押的，因此有关人力资本在融资市场中注定要面临很大的困难。资金所有者鉴于人力资本的不可抵押性，要么索取高额的利息成本以最大限度补偿风险，要么将减少或限制资金的供给。不仅如此，人力资本融资还具有时限性的问题，即一个人在年轻的时候融资比较有利，待到一定年龄后，融资的困难就变得越来越大。为减少人力资本融资的困难，政府要积极利用补贴、助学贷款等各种方式，有效克服人力资本投融资难的问题，最大限度地激发人们加大人力资本投资的积极性。也只有这样，才能显著提升该地区的人力资本存量水平。

第四节　人力资本流动理论

人力资本是影响经济增长和经济发展的重要因素，人力资本流动能够在较大程度上影响人力资本在区域间的分布，且形成差异。在探讨人力资本的积累路径时，有必要对人力资本流动的相关理论展开论述。

一　人力资本流动相关模型

（一）刘易斯—费景汉—拉尼斯模型

20 世纪 50 年代，经济发展理论兴起。发展经济学的伟大先驱、诺贝尔经济学奖得主刘易斯（Lewis）于 1954 年系统提出了"无限劳动力供给"的模型（又称为二元结构分析框架）。他认为，发展中国家普遍存在生产效率不同的传统生产部门（农业部门）和现代生产部门（工业部门），是一个典型的二元经济结构。由于传统生产部门存在大量的剩余劳动力，现代生产部门用比较低的工资就能够吸纳农业部门的剩余劳动力到本部门就业。如此就会发生城乡之间的劳动力迁移，且这种城乡间的二元人口迁移只有在城乡间的经济发展水平和收入差距消失后才修改和完善，这就是著名的刘易斯—费景汉—拉尼斯模型（Lewis‐Fei‐RainsModel），当时，这一模型被认为是为不发达区域人口迁移现象提供了最具影响力的解释，因此也成为发展经济学领域中最具影响力的理论之一。①

（二）托达罗模型

20世纪60年代，刘易斯—费景汉—拉尼斯模型被许多发展中国家的事实证明存在较大的缺陷，主要表现在该模型假定农村存在剩余劳动力，而城市是充分就业的，但现实情况是，在很多发展中国家的城市中不但存在大量的失业人口，而且失业率还有不断上升的趋势。在此情况下，托达罗针对刘易斯—费景汉—拉尼斯模型的不足，提出了自己的二元人口流动理论模型。该理论模型强调，人们是根据预期收益差距而不是当前收入差距来做出迁移决策的，其含有一定的迁移者对风险的偏好或者厌恶成分，在城乡经济发展不平衡和经济机会不均等的情况下，城乡间较大的预期收入差异必然会导致城市的高失业率。该理论模型对我国城乡间所发生的人口流动现象有着较好的解释力。②

（三）雷文斯坦的人口流动理论

英国学者雷文斯坦（Ravenstein）于1880年提出了一种人口迁移流动理论，他把社会中人口所发生的流动规律和特点概括为以下一些主要法则：

一是以经济动机发生流动为主。在各种影响流动的因素中，经济原因是引起迁移的最重要因素，由其他原因引起的迁移量并不大。

二是流动以短距离为主，长距离的流动通常以大的工商业中心为目的。对一个吸引移民的中心地来说，越近的地方，流入的移民人数通常越多；而越远的地方，流入到这一中心的人数则越少，移民数与距离远近成反比关系。

三是流入与流出同时并存。通常情况下，流向某个区域的移民，也会有一定的相反方向的人口流出，但净人口流动通常是从乡村区域流向城镇区域。

四是流动通常是阶段性的。相对于一个城镇来说，首先是其周围

---

① 匡远凤：《中国人力资本的区域分布和利用效率》，硕士学位论文，华中科技大学，2012年，第17页。

② 同上。

乡村区域的人口流入进来；而后，较远距离乡村区域的人口又渐渐流入到城镇周围的乡村区域，即是一个分梯次、分步推进的过程。

五是城乡差异。城镇人口的流动活性比乡村人口低，乡村人口更偏好发生流动。

六是性别差异。长距离流动人口中男性较多，短距离流动人口中女性较多，总体上女性流动率要高于男性。

七是交通、通信和技术因素会提高流动率。①

（四）推—拉（Push – Pull）理论

"推—拉"理论这一著名的人口迁移理论是学者们在雷文斯坦研究的基础上逐步形成的。1938年学者赫伯尔（Herberle）提出，人口的流动是由多方力量共同作用的，这些力量包括"推动"一个人离开某地方的"推力"和"拉动"他到另一个地方的"拉力"。雷文斯坦曾经提出过吸引力（拉力）这一单一力量，赫伯尔将其扩展为"拉力"和"推力"两种不同力量，人口流动即通过这两股力量的前后作用而发生。20世纪60年代，李（Lee）提出了与流入地和流出地相关的正负向因素，这实际上是对"拉力"和"推力"作用的另外一种表述。随后，博格（Bogue）对"推—拉"理论又作了进一步的发展。他较为全面地列出了6个方面的拉力因素和12个方面的推力因素。其中"拉力"是指流入地所具有的吸引力，如较高的工资收入、较多的就业机会、较好的生活水平、较好的受教育条件、较好的文化交通设施等；"推力"则是流出地所存在的消极因素，如当地的农业生产成本上升、农村劳动力过剩导致失业增加、自然资源枯竭和自然环境变恶劣、缺乏满意的职业、经济收入水平较低等。总之，人口流动的目的是为改善生活条件，流入地的那些有利于改善生活条件的因素自然成为拉力，而流出地不利的生活条件就变成了推力。②

实际上，同时最终决定流动的还有第三个因素的影响——中间障

---

① 匡远凤：《中国人力资本的区域分布和利用效率》，硕士学位论文，华中科技大学，2012年，第18页。

② 同上。

碍因素。如流出地所存在的积极因素：家人团聚的欢乐、长期形成的社交网络和熟悉的社区环境等；流入地所存在的消极因素：竞争激烈、单身生活的烦恼以及生态环境质量的下降等；另外还有诸如两地间语言文化的差异和生活习惯的差异等。

"推—拉"理论有两个重要的基本假设：一是流动者是理性的；二是流动者了解一定的迁移信息（包括流出地和流入地信息）。流动者的迁移决定总是在对流出地和迁入地的推、拉因素和中间障碍因素的大小比较中，在对流动后的正负效益和利弊得失的考量中，最后做出是否迁移的决定的。"推—拉"理论对我国的人口流动具有较好的解释力。

（五）流动人口年龄表模型

流动人口年龄表（age table）模型是由美国的 A. 罗杰斯提出的。该理论认为，每一个居民都是一个潜在的移民，其发生流动的概率随人的生命周期变化而呈现出有规律的变化。人的一生有两次流动高峰期：第一次是 15—34 岁，此阶段的流动是为了更好地就业；第二次是退休离职后，很多人会离开以前工作的地方，选择到其他地方去养老而发生流动。这一流动人口年龄表模型，对我国当前以青壮年为主，到外地打工就业的人口流动模式也具有一定的解释力。

以上人口流动理论模型虽然并不是直接针对人力资本的流动而展开的，但人作为人力资本的天然载体，人口的流动必然伴随着人力资本的迁移流动。两者的区别，仅在于发生流动的人口所具有的人力资本质量的整体高低状况的不同，如流动人口与全体人口平均拥有的人力资本之间的差异状况，是整体高出很多还是相近或较低？这一差异对于不同国家或区域的流动人口还是会有较大的差别。

二 人力资本流动的影响因素

影响人或人力资本流动的因素有很多。以下主要从利益诱导机制、国家宏观政策、经济发展水平、城市化发展水平、产业集聚水平、增长极效应等角度展开分析。

（一）利益诱导机制（个人层面）

通常，影响人力资本流动的因素有工资收入、风险与成本、个人偏好等，其中风险和成本因素在人力资本流动中起着负面作用。考虑到流动带来的时间成本、迁移成本、晋升成本和情感成本等因素，人力资本拥有者会在预期收益与可能存在的风险、成本中进行理性比较。如图2-2所示。

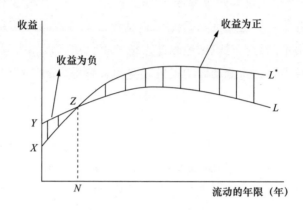

图2-2　人才流动期望模型

图2-2中的曲线L表示劳动者不流动的预期收益，L*表示流动的预期收益。两条曲线都是先升后降，反映了边际收益递减的规律。阴影部分XYZ表示流动的风险和成本。在0—N年，人力资本所有者流动的收益低于不流动的收益，总收益为负；N年之后，人力资本所有者流动的收益将超过不流动的收益，总收益为正。作为人力资本所有者，选择流动时会充分考虑N的大小，也就是收益为正时所需要的年限，以及收益为正时的增量是否会弥补收益为负时的减量，即图中两块阴影部分的面积比较。当两块面积十分接近的时候，对于人力资本所有者而言，流动与不流动没有太大的差异。

就欠发达地区人力资本而言，流向其他区域的风险和成本固然很高，但是预期收益也很高。对于人力资本拥有者而言，发达地区具有高于欠发达地区的薪酬，可以给予人才更好的社会福利、社会保障以及给后代更为良好的教育环境。因此，对于欠发达地区的人而言，进行迁移流动的决策往往是综合的，具有经济理性与社会理性的双重行为。[①]

（二）利益诱导机制（区域层面）

为什么经济发达地区总是不断鼓励人力资本的流入，而不担心人力资本的过度流入给当地带来的人才竞争呢？根据伏绍宏的研究，假设一个国家只有两个地区，一个是欠发达地区，为人力资本的流出地A；另一个是发达地区，为人力资本的流入地 B。由于人力资本持续不断地流入，B 地区的人才供应量与工资水平或相应产生变化，如图2－3所示。

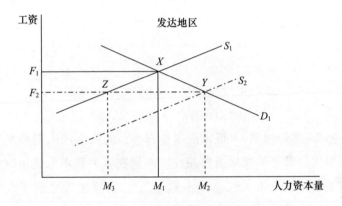

图2－3　发达地区人力资本流入的影响

图 2－3 表示了发达地区人力资本流入对人才市场的影响。在大量人力资本未流入发达地区时，图中 D_1 为人才需求曲线，S_1 为人才供给曲线，X 为供需均衡点，此时该地区人力资本均衡需求量为 M_1，均衡工资为 F_1。人力资本流入后，S_2 为人才供给曲线，Y 为供需均衡点，此时人力资本的需求量为 M_2，均衡工资为 F_2。

图 2－4 表示了欠发达地区人力资本流出对当地人才市场的影响，在人力资本未流出欠发达地区时，图中的 D_1 为人才需求曲线，S_1 为

---

① 伏绍宏：《欠发达地区人力资本开发与积累的理论与实践》，西南财经大学出版社2009 年版，第 22 页。

人才供给曲线，X^* 为供需均衡点，此时该地区人力资本均衡需求量为 M_1，均衡工资为 F_1。人力资本流出后，S_2 为人才供给曲线，Y^* 为供需均衡点，这时人力资本的需求量为 M_2，均衡工资为 F_2。

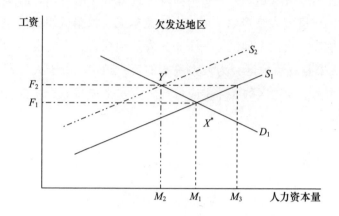

图 2 - 4 欠发达地区人力资本流出的影响

从图 2 - 3 和图 2 - 4 可以清晰地看出，流入和流出对两个区域的人力资本数量和影响结果恰好相反。两地在人力资本未流出时，供求均衡点工资差异为 $C = F_{1(图2-3)} - F_{1(图2-4)}$，工资差异导致了人力资本在两地间的流动。对于发达地区而言，随着人力资本流入的加剧，工资水平下降到了 F_2 的水平，发达地区的人力资本供应量从 M_1 降至 M_3，但此时的人力资本需求量已经提升到了 M_2。发达地区的人力资本供应量之间的差距为 $M_2 - M_3$。这就需要从人力资本流入中进行补给。[1]

对欠发达地区而言，人力资本流出使区域内人力资本的供给量减少，供给曲线由 S_1 移动到 S_2，人力资本供给量从 M_1 降至 M_2，工资水平也随之增加到 F_2。在此均衡条件下，欠发达地区的本地人力资本供应量由原来的 M_1 递增至 M_3，由此出现了 $M_3 - M_2$ 的人力资本剩余，

---

[1] 伏绍宏：《欠发达地区人力资本开发与积累的理论与实践》，西南财经大学出版社 2009 年版，第 23 页。

这部分人力资本剩余如果刚好等于图 2 - 3 的人才空缺部分，则两个地区的人力资本市场将重新达到平衡。

就发达地区而言，本地人力资本的劳动剩余将会减少，但人力资本的雇佣者（企业或单位）的劳动剩余将会增加。欠发达地区正好相反，本地人力资本的劳动剩余将会增加，而人力资本的雇佣者（企业或单位）的劳动剩余将会减少。因此，对于发达地区而言，受益的是企业和单位，受损的是本地人力资本拥有者；对于欠发达地区而言，受益的是本地人力资本拥有者，受损的是雇佣者。[①]

从以上分析可以看出，对于欠发达地区而言，人力资本流出的负面效应会更大。这是因为人力资本流出会导致欠发达地区的教育投资效益外流，人力资本的存量大为减少，人口的整体素质下降，进一步加剧并恶化与发达地区的经济差距。欠发达地区只有采用各种必要的措施，才能有效遏制人力资本的外流，否则将造成恶性循环，不断拉大与发达地区的差距。

（三）国家宏观政策

贾冀南认为，国家的宏观政策是导致人力资本流动的重要因素之一。如国家在改革开放初期的户籍政策就严格限定了劳动者与人力资本的流动。1978 年改革开放之后，随着东部地区经济的迅猛发展，直接带来了对劳动力市场的巨大需求。在大的发展背景下，国家和一些地方陆续出台了有利于劳动力流动的户籍政策和管理政策，极大地刺激了城乡之间的劳动力流动，形成著名的"人力资本迁移与流动潮"。国家户籍政策对人力资本的流动产生了直接的显著影响。[②]

（四）区域间的经济发展差距

国内生产总值（GDP）是衡量一个地区经济发展实力或竞争实力的重要指标。一个地方如果经济发展水平较高，就会直接带来诸如工资收入水平的提高、就业机会的增多、生活水平的改善等综合效应。

---

① 伏绍宏：《欠发达地区人力资本开发与积累的理论与实践》，西南财经大学出版社 2009 年版，第 24—25 页。

② 贾冀南：《河北省经济增长的人力资本集聚机制理论与实证研究》，北京电子工业出版社 2013 年版，第 124 页。

正如前部分所述，人力资本的拥有者在利益机制的驱动下，在"推—拉"的综合效应下，为了获得更大的人力资本收益，为了自己当前以及后代更好的生活条件，往往会选择流向经济发展水平更高的地区。地区间的经济差异，是造成人力资本流动的根本原因。[①]

（五）城市化发展水平

在我国，东部地区聚集了大量的新兴产业。产业聚集水平的提高，进一步带动了城市化进程的加快。在城市化的带动下，大量的人力资本拥有者开始由农村向城市流动，原因在于：一是城市的大规模基础设施建设需要大量的劳动力；二是城市的发展也有效带动了第三产业的迅猛发展，而在所有产业中，第三产业对劳动力的需求是最大的；三是城市的快速发展，吸引了高水平人力资本的流入。高水平人力资本拥有者更加注重对生活水平、生活质量的选择，基础设施齐全、人文气息浓厚、环境和气候条件都很好的地区，往往对这部分人产生较大的吸引力。[②]

（六）产业集聚水平

在我国，"珠三角""长三角"等东部地区拥有国家优先发展的先天政策优势，再加之地理优势明显，因而在改革开放之初就吸引了大量工业、产业集聚。产业的发展对劳动力的需求不断扩大，东部地区第三产业在第二产业的快速拉动下取得长足发展，更加吸引大量劳动者前来就业。相反，对于中西部欠发达地区而言，由于产业结构不合理、发展规模较小，不能为劳动力提供很好的就业机会与就业条件，对人力资本的吸引力明显不足。产业集聚水平上的差异决定了人力资本的流向，欠发达地区因而进一步拉大了与发达地区的人力资本存量及经济发展水平差距。[③]

（七）增长极效应

王金营认为，改革开放以来，我国东部地区的先行发展战略和强

[①] 贾冀南：《河北省经济增长的人力资本集聚机制理论与实证研究》，北京电子工业出版社2013年版，第125页。

[②] 同上书，第126页。

[③] 同上。

大的外资吸引能力，获得了比中西部地区更快的发展速度，也同时获得了相当于中西部地区的比较"增长极"地位。增长极对人力资本的吸引作用，得益于产业集聚与城市化两个因素的综合作用。一个地方成为增长极，源于该区域具有相对集中的产业布局和较高的城市化水平，"增长极"类似于一个磁场的磁极，吸引着各类生产要素的集中。"长三角"的上海，"珠三角"的广州，京津冀地区的北京、天津等地，均可看成所在区域内的增长极，这些城市对周边人力资本，乃至更广范围人力资本的吸引作用是显而易见的。①

三　小结

由以上研究分析可知，在科学技术迅猛发展的今天，人力资本在加快地区经济发展中发挥着重要作用。在我国，欠发达地区与发达地区间之所以形成巨大的经济社会差距，除国家宏观经济政策、区位优势以及资源禀赋条件不同等因素外，还有一个很重要的因素就在于欠发达地区与发达地区间存在显著的人力资本存量与水平差异。欠发达地区的人力资本水平原本就较低，其经济发展的原动力不足，加上发达地区对欠发达地区人力资本的强大"吸引作用"，进一步造成了欠发达地区人力资本总量的匮乏。欠发达地区只有不断通过加大人力资本投资、减少人力资本流出，不断吸引更高的人力资本流入，方能从根本上增加本地区人力资本积累水平，最大限度地缩小与发达地区的人力资本水平差距，也进而有效缩小与发达地区的经济社会发展差距。

---

① 王金营：《区域人力资本积累和开发机制研究》，人民出版社 2013 年版，第 141 页。

第三章 人力资本与区域经济协调发展

区域经济是依据区域划分形成的不同经济体，是国民经济的重要组成部分。由于区域自然禀赋及后天发展机遇及政策环境等的差异，区域经济不可能是均质性的，必然呈现多种差异和不平衡。长期的不平衡对一国经济的发展是有害的，需要强化协调发展、和谐发展和可持续发展。区域经济协调发展，其目的就是要能够运用各种调节手段，通过合理配置资源，在发挥好地区优势，形成合理的地域分工，促进经济整体效益提高的同时，将地区经济发展差距控制在适度的范围内，以实现区域间经济关系的和谐，经济发展水平和人民生活水平的共同提高，社会的共同进步。

本章重点围绕区域经济发展理论、区域经济发展影响因素、人力资本与经济增长、人力资本对区域经济协调发展的作用等内容展开论述，并为后文进一步研究京津冀区域经济协调发展，探求人力资本内在影响机理提供理论依据和分析视角。

第一节 区域经济发展理论

一 区域经济均衡发展理论

区域经济均衡发展理论不仅强调部门或产业间的平衡发展，也强调区域间和区域内部各地区的平衡发展。该理论认为，随着生产要素的区际流动，最终使得各区域的经济发展水平趋于收敛状态，并具有均衡发展的可能。该理论最为典型的是 Solow 和 Swan 的增长模型。他们认为，在生产要素自由流动及开放式区域经济的前提下，随着区域经济的增长，不同区域间的经济发展差距会缩小，区域经济增长呈现收敛态势。总体上，非均衡发展是短期的，而均衡发展是长期的。

（一）新古典区域均衡发展理论

这一理论主要以 Solow 和 Swan 的增长模型为基础。该理论认为，在市场经济条件下，资本、劳动力和技术等要素的自由流动将导致区域发展趋于均衡。这一理论假设资本和劳动力两种要素可以相互替代，完全的市场竞争和生产要素无成本地自由流动。在假设条件的基础上，区域经济增长取决于资本、劳动力和技术三个要素，而要素的报酬则取决于边际生产力。发达地区资本密集度高，资本的边际收益就低；相应的不发达地区劳动密集度高，劳动力的边际收益就低。从而使得劳动力由不发达地区向发达地区流动，而资本由发达地区向不发达地区流动，最终使各地区各要素收益趋向平衡，各地区的经济发展也趋向平均。①

（二）生产力层次推移理论

随着经济的发展，生产力从层次高的发达地区向层次较低的落后地区推移，从而逐渐缩小地区差距，实现一国经济分布的相对均衡。当技术创新进入发展阶段，高层次生产力的发达地区由于高地租、高工资和原料产地较远等不利因素而失去竞争优势，使得生产力逐步向原料产地较近、工资成本和地租水平较低的中层次地区推移。同样，随着技术趋向成熟，生产力也会逐步向原料产地更近、工资成本和地租水平更低的落后地区推移。最终的结果是发达地区和落后地区的经济发展趋向于均衡。

另有学者归纳出区域标准阶段次序理论、区域经济增长进化序列模型、出口基地理论和要素价格均等模型等也都属于区域经济均衡发展理论的范畴。这些理论或模型均强调区域经济增长由发达地区向落后地区推移，最终导致各区域的经济发展趋向平衡。②

---

① 朱晓明：《人力资本差异性与区域经济发展——以浙江、陕西两省为例》，博士学位论文，浙江大学，2005 年，第 24 页。

② 同上书，第 27—29 页。

与 Solow 和 Swan 观点不同的是，新经济增长理论的代表人物 Lucas 和 Romer 认为，虽然自 20 世纪 80 年代以来国际资本出现了向新兴工业化国家和地区加速流动的趋势，但发达国家仍然是国际资本的主要流向地与接收地，大部分资本仍然向发达国家或富裕地区流动的局面未得到根本性改变。在经济全球化日益加深的今天，广大发展中国家与少数发达国家的差距不仅没有缩小，反而呈现出了不断拉大的趋势，两极分化日益严重。正如 Lucas 所言："我们当然看到了一些富国向穷国投资的现象，但这种资本流动远远没有达到 Solow 等新古典理论预测的理想水平"。① 因此，我们有必要在研究区域经济均衡发展理论的同时，继续对区域经济非均衡发展理论做一认真梳理与全面分析。

二 区域经济非均衡发展理论

区域经济非均衡发展理论强调各区域或各产业的不平衡发展，这种不平衡发展主要建立在关联效应原理的基础之上，突出重点产业和重点地区。

(一) 产业—空间结构理论

产业—空间结构理论主要是从区域的产业结构和空间结构两方面来研究对经济发展的影响关系。经济增长是一种投入产出关系，资源投入的产出效益在很大程度上取决于结构的优化程度。从技术、产业结构和经济增长三者间的关系来看，技术通过产业结构的传导最终影响经济增长。空间结构则是影响区域经济发展状态的另一个重要方面，有利的空间区位可能直接影响到区域经济的发展状态、内外部关系、组织有序程度以及活力因素能否发挥最大的效应等。

产业—空间结构研究进一步派生出产业聚集研究。在一定范围内，产业和区位的聚集形成生产及规模经济的聚合体，且随着经济发展，其吸引凝聚作用会不断加强与巩固。

(二) 增长极理论

增长极理论最早由法国经济学家弗朗索瓦·佩鲁 (Fransois Per-

---

① 王金营：《区域人力资本积累和开发机制研究》，人民出版社 2013 年版，第 141 页。

roux）在 1950 年发表在《经济学（季刊）》上的《经济空间：理论与应用》一文中首次提出，后来由法国经济学家 J. 布代维尔（J. Boudeville）、瑞典经济学家缪尔达尔（Myrdal）、美国经济学家约翰·弗里德曼（John Friedman）以及赫希曼（A. O. Hischman）等学者予以丰富和发展。

该理论认为，现实世界中经济增长不可能以相同强度在每个地区同时发生。通常是从一个或若干个经济增长中心优先增长，并逐渐向其他部门或地区传导，形成一个非均衡的发展过程。实现一国经济的完全平衡发展只是一种理想状态。因此，在区域经济发展中，应首先确保区域增长极的优先增长。通过它们的吸引力和扩散力不断扩展自身规模，再通过不同渠道向外扩散，最终对整体经济产生推动作用。政府应通过倾斜投资政策，有意识地培养某个产业（支配企业）或城市（地区）成为经济"增长极"，使之带动现有骨干产业和地区经济的整体发展，最终通过极化效应和扩散效应实现整个区域经济的增长。

该理论的实质是强调区域经济发展的不平衡性，主张尽可能把有限的稀缺资源集中投入到发展潜力大、具有规模经济和投资效益明显的少数行业或地区，经由不均衡路径最终达到推动整体经济增长的目的。

有理由说，改革开放以来我国东部地区的先行发展及其优势地位的取得，即得益于该理论指导下的发展策略。由于我国东部地区相对便利的开放条件，在开放中的政策先行使得其在吸引外资、发展外向型经济的过程中取得了相对中西部地区更快的发展速度，获得了与中西部地区比较的"增长极"地位。但令人遗憾的是，在仅仅依靠市场自发力量的条件下，其向外扩散与带动中西部地区发展的进程却极为缓慢，表现出地区发展及收入差距拉大的趋势。这在一定程度上也说明：增长极理论应主张在政府干预之下的发展策略，这种干预不仅应反映在前一阶段的促进增长极的形成上，也应反映在后一阶段的促进扩散与区域经济带动上。

（三）循环累积因果论

在佩鲁的增长极理论之上，冈纳·缪尔达尔（Gunnar Myrdal）详尽阐述了经济不平衡发展理论，提出"循环累积因果论"。该理论认为，社会经济各有关因素之间存在着累积因果关系。市场力作用倾向于扩大区域差距而不是缩小区域差距，一旦差距出现，发达区域会获得累积的竞争优势，从而遏制欠发达区域的经济发展，使欠发达区域不利于经济发展的因素越积越多。影响区域经济增长的主要因素除了佩鲁提出的极化作用之外，还有回波效应（Backwash Effect）和扩散效应（Spread Effect）。其中，"回波效应"是指落后地区的劳动、资本等要素因受到发达地区较高收益率的吸引而向发达地区聚集的现象；"扩散效应"是指发达地区集聚经济发展到一定程度后，产生的促进劳动、资本等要素向周围落后区域扩散以寻求更高的边际报酬，并带动外围区域发展的现象。区域经济就是在极化效应、扩散效应和回波效应三种效应相互作用于强化对循环累积的过程中发展的。在这一循环累积的过程中，发达地区表现为上升的正反馈运动，而落后地区表现为下降的负反馈运动，其结果是加剧了空间二元结构。①

（四）梯度理论与反梯度理论

在不平衡发展理论的基础上，克鲁默（Krumme）、海特（Hayor）进一步发展出了"梯度理论"。

由于自然条件与社会经济基础的不同，不同国家与区域之间的经济发展水平会呈现由高到低的梯度排列，客观上易形成一种经济技术梯度。每个国家和地区都处在一定的经济发展梯度上，而新技术、新产品、新产业部门等大都发源于高梯度地区。随着时间的转移和产品生命周期的变化，产业会逐步由高梯度地区向低梯度地区进行空间推移，并且不同梯度地区可以通过生产力的空间推移逐步缩小地区间的差距，实现经济分布的相对平衡。

由于梯度转移理论有可能对于落后国家和地区造成低梯度陷阱和

---

① 王金营：《区域人力资本积累和开发机制研究》，人民出版社 2013 年版，第 133—146 页。

落后增长，对此，有学者提出了与其观点形成补充的"反梯度理论"。即在承接技术、资本和产业从发达地区的转移过程中，落后地区应该主动改变被动接受产业转移辐射的态势，重点发展具有比较优势和高新技术的产业。通过跨越式发展使本区域向相对原自然状态较高的产业分工梯度层级发展，成为新的"次极化"增长极。将本区域外围地区的要素资源聚集到"区"内，累积区域优势并向原"中心"区反向辐射推移，同时推动处于"中间"地带区域的发展。①

第二节　区域经济发展影响因素

造成区域间经济差异的因素有很多，如政策因素、自然条件与资源禀赋因素、技术进步与全要素投入因素等。究竟哪些因素从根本上造成了区域间经济发展的差异，国内学术界尚未达成广泛共识。

一　资源、地理和交通等先天禀赋因素影响

"靠山吃山、靠水吃水"是区域发展的基本常态。胡健、焦兵基于资源视角，对自然资源与区域经济增长的收敛效应进行了系统研究。该研究证实，在环鄂尔多斯的陕甘宁晋蒙地区，自然资源与经济增长之间的影响因子可达 0.412。基于自然资源上的先天优势，同期环鄂尔多斯地区的经济增长速度比东部地区增加了 2.7 个百分点，比环渤海地区增加了 2.2 个百分点，比珠三角地区增加了 2.8 个百分点，比长三角地区增加了 2.4 个百分点。自然资源开发与区域经济增长间具有十分密切的联系。②

郑林昌等进一步认为，资源环境的差异性决定着人文活动的难度和深度，而地理环境的差异性决定着人文活动的广度与宽度。该研究利用哈罗德—多马模型，构建起包含地理因素在内的区域经济增长模

---

① 王金营：《区域人力资本积累和开发机制研究》，人民出版社 2013 年版，第 133—146 页。

② 胡健、焦兵：《自然资源开发与区域经济增长的收敛效应——对环鄂尔多斯区域增长模式的考察》，《资源科学》2013 年第 5 期，第 984—989 页。

型，并通过多元回归分析，证实了空间距离、地形条件两大地理因素对区域经济增长产生的重大影响作用，得出了空间距离对区域经济增长的影响作用要大于地形条件，地形条件的影响作用主要集中体现在我国的中西部地区的结论。[①]

"要想富，先修路。"与郑林昌等的观点类似，沈航、田小勇认为，地理因素中的空间距离，也即交通运输与区域经济增长之间关系密切。这不仅是因为交通运输能够有效提升区域资源的开发与利用能力，还能不断延展区域内企业生产与运营的边界，促进企业间的融合与集聚。该研究通过将交通运输因素引入柯布—道格拉斯函数，验证了交通要素对区域经济增长的影响因子为 0.161，仅次于资本的 0.691 与劳动力的 0.197，得出了交通运输也是影响区域经济增长重要因素的结论。[②]

二 制度、政策等外在因素影响

何春杰认为，现代经济增长理论中有关资本、劳动与技术等生产要素是经济增长主要源泉的结论，是基于制度给定的理论假设下得出的。这一点对于西方成熟且相对稳定的市场经济社会来说，是合适且合理的。但对于仍处于经济转型期的中国而言，制度因素始终是研究区域经济增长中无法舍掉的重要因素。他通过回归分析得知，中国制度转型的区际差异是造成区域经济增长差异的重要原因之一。要缩小和消除地区的经济增长差异，需要从制度顶层设计入手、从体制机制改革着力，只有这样才能促进不同区域的均衡发展。[③]

制度是由一个完整、全面的政策体系予以支撑的。徐光远、李鹏飞基于 1985—2014 年的统计数据，运用向量自回归模型和脉冲响应函数分析了中国货币政策的区域及省际经济增长效应差异。结果显

① 郑林昌、蔡征超、张雷：《包含地理因素的区域经济增长模型及实证分析》，《资源与产业》2012 年第 5 期，第 182—185 页。
② 沈航、田小勇：《交通运输对区域经济增长影响的实证研究》，《武汉理工大学学报》2012 年第 4 期，第 795—798 页。
③ 何春杰：《制度因素对区域经济增长影响的实证分析》，《生产力研究》2003 年第 4 期，第 127—128 页。

示，中国货币政策区域经济增长效应存在显著差异，央行统一的正向
货币政策更好地促进了东部发达地区经济的快速增长，而对中西部欠
发达地区经济的拉动作用则明显较弱，并且货币政策对区域内各省份
的影响方向和力度也显著不均衡。① 此外，张兆同、孟晓非等还分别
基于招商引资政策、专利发展政策与区域经济增长之间的关系展开了
相关研究。

三　资本、技术等内生因素影响

关于资本与区域经济增长之间的关系，潘庄晨等通过梳理原有研
究成果发现，人均实际固定资产投资额、人均名义省政府补贴、国有
商业银行人均新增存贷差均与当地的经济增长关系密切。在此基础
上，其通过采用安徽省的面板数据，研究了安徽省内四大区域资本分
布对经济增长的影响作用。实证结果表明，在经济最为发达的沿江地
区和皖南地区，银行存贷及资产收益率分别对该区域的经济增长起决
定性因素。在经济欠发达的皖中、皖北地区，政府主导的财政转移支
付则是该地区经济增长的主要影响因素。②

与金融资本研究视角不同的是，林木西、张华新运用长三角、珠
三角、京津冀、东北地区四大经济区典型省份的面板数据，研究考察
了社会资本因素对区域经济增长差异的影响。该研究通过使用固定效
应模型，发现了社会资本对区域增长差异有明显的影响。其中，人均
受教育年限、总抚养比和城镇登记失业率对区域经济增长差异影响尤
为显著。③

在以 Solow 为代表的经济增长模型中，技术被认为是经济增长最
重要的驱动力。张玉明等通过构建技术溢出、企业集聚与区域经济增
长关系模型，得出了区域生产率是区域经济增长的关键要素，而技术

---

① 徐光远、李鹏飞：《中国货币政策经济增长效应差异及其影响因素——基于区域及
省际视角的分析》，《湖南农业大学学报》2016 年第 4 期，第 78—80 页。
② 潘庄晨、范宸瀚、潘淑娟：《区域资本分布与当地经济增长关系研究——以安徽省
为例》，《江西金融职工大学学报》2009 年第 10 期，第 20—22 页。
③ 林木西、张华新：《社会资本因素对区域经济增长差异的影响——基于中国四大经
济区的实证研究》，《经济管理》2012 年第 6 期，第 30—33 页。

创新对区域生产率的提高有着直接影响的结论。[①] 此外，陈萍通过研究也证实，技术创新对区域经济增长会产生直接与间接的推动作用。通过技术创新，可以有效提升产业创新能力、推动产业升级、强化产业聚集功能，最终实现区域经济的长期增长。[②]

四 全生产要素的综合影响

新古典经济增长理论认为，经济增长取决于要素投入。因此，资本、劳动与技术进步是经济增长的主要源泉。米娟、曲振涛等分别基于不同面板数据，利用柯布—道格拉斯函数的回归分析，证实了资本、劳动与技术进步等全生产要素与区域经济增长之间的关系。其中，米娟利用国内东中西部1986—2006年近20年的数据分析得出，各类生产要素投入数量的差异是导致东部地区与中西部地区经济差距不断扩大的主要因素。而在所有的因素中，资本对区域经济增长的影响居于主导地位，其贡献程度达到了60%。这从另一个角度也表明，无论是我国较为经济发达的东部地区，还是经济欠发达的中西部地区，区域经济增长的主要动力仍来源于资本，尤其是物质资本的要素投入。[③]

五 小结

综合以上国内众多学者的研究成果可以得知，影响区域经济发展的因素有很多，直接的、间接的、关键的、次生的，不一而论。由柯布—道格拉斯生产函数 $Y = AF（K，L）$ 可知：决定一个地区收入增长或经济发展的因素有物质资本投入 K、劳动投入 L 和技术因子 A 三类。由于技术因子 A 也主要由劳动力投入 L 的质量决定，因此可以认为一个地区的收入增长或经济发展主要是由物质资本的投入、劳动力数量和质量（可认为是人力资本）两种因素最终决定。在假设物质资

---

① 张玉明、李凯、聂艳华：《技术溢出、企业集聚与区域经济增长》，《东北大学学报》2008年第1期，第26—30页。

② 陈萍：《技术创新视域下区域经济增长的动力机制与影响因素分析》，《管理科学与经济学》2014年第4期，第211—212页。

③ 米娟：《中国区域经济增长差异及影响因素分析》，《经济经纬》2008年第6期，第65—68页。

本投入保持不变的前提下，人力资本就成为制约一个地区收入增长或经济发展的关键要素，这一点也得到了国内众多学者的广泛共识。如高素英利用1978—2002年河北省的面板数据，科学验证了人力资本是经济增长与发展的内生要素与"动力引擎"的假设；张亚平根据M－R－W增长模型，估算了人力资本中教育、健康两个要素对京津冀经济增长的差异影响，得出了人力资本中的教育对经济增长具有显著正效应的结论。罗润东通过构建京津冀、"长三角""珠三角"人力资本竞争力指标体系和相关数理分析，得出了人力资本对京津冀、"长三角"和"珠三角"地区的经济发展具有显著推动作用的结论。可见，人力资本作为生产函数中的核心要素，在助推区域经济增长过程中发挥着不可替代的重要作用。①

第三节 人力资本与经济增长

经济增长是经济学中的核心问题，经济增长理论随着经济发展，政治、社会环境的变化而不断发展起来。古典经济增长理论的发展源于当时英国政治、社会和经济所处的大变革环境，工业革命已经拉开序幕，经济系统出现了新的变化，因此，必须对工业资本主义的运行方式、生产促进因素及其发展结果予以科学的解释。在此背景下，古典经济增长理论应运而生。该理论体系的典型代表是亚当·斯密和李嘉图的增长理论。他们认为，只有积累才是经济增长的根本源泉和动力，决定经济增长的唯一因素就是资本积累率，或称为储蓄率。

现代经济增长理论起源于20世纪50年代末索洛等建立的新古典增长理论。在剔除古典经济增长理论中的规模收益递减假设和哈罗德—多马经济增长模型中生产技术不变假设的基础之上，该理论提出，经济增长的决定因素是技术进步，同时认为资本积累和劳动力已

---

① 陈亮、苏建宁：《人力资本积累对京津冀协同发展的影响研究——基于2000—2015年数据的实证》，《河北经贸大学学报》2017年第3期，第88—89页。

经被技术进步所替代。索洛等学者的新古典经济增长模型尽管提出了技术进步是经济增长的重要决定因素，但没能进一步研究并表明"什么会影响技术进步"以及"影响技术进步的途径是什么"。即仍认为技术进步是一个外生变量，仍然没能摆脱对生产过程中"物"的因素的强调，而忽视"人"的作用。

从人力资本的角度，舒尔茨等学者对经济增长理论进行了更深层次的探索。以农业为研究载体，舒尔茨指出：以往的经济增长模型中关于资本和劳动同质的假定，是不符合建立在资本和劳动不同质基础上的动态经济增长的，将资源生产率看作导致国民收入增长与要素投入贡献之间巨大缺口的成因，其实是掩盖了人力资本作为影响经济增长的重要因素的事实。通过实证分析，他最终得出：现代经济增长的主要源泉与动力是人力资本因素，尤其是其中的教育要素的结论。

20 世纪 60 年代，另一位经济学家阿罗提出了"干中学"理论，即人类可以在实际生活中逐渐积累知识，也可以通过职业训练、学徒的方式提高劳动力，在工作中逐渐学习，积累工作经验，进而提高其人力资本水平。在这种积累和学习的过程中有两种效应会产生：一是由于知识的延续效应，通过生产更多的资本品并积累了更多的知识，使下一代资本品中包含了更高的技术水平；二是由于知识的溢出效应，所有劳动力和积累性物质资本在生产最终产品时，效率会逐渐提高。[1]

舒尔茨和阿罗等的研究虽然具有开创意义，但由于模型可操作性差等原因，没有引起足够的重视。20 世纪 80 年代中后期，以罗默和卢卡斯为代表的"新增长理论"出现。新增长理论认为，经济增长是通过人力资本的积累过程来实现的，经济增长率取决于人力资本水平，人力资本水平越高，经济增长率就越高。"新增长理论"不仅剖析了决定长期经济增长的因素——技术的确切含义，更重要的是对经济增长中的内在机制进行了系统研究。该理论在舒尔茨和阿罗等人的

---

① 岳爱：《农村儿童营养改善计划的人力资本理论分析及经验检验——基于陕西随机干预试验的证据》，博士学位论文，西北大学，2013 年，第 16—18 页。

研究基础上产生了两个分支：一是卢卡斯根据贝克尔、阿罗等的观点，把原来外生的技术进步转变为人力资本；二是罗默研究了知识积累的过程，认为一国用于研究开发部门的人力资本决定了经济增长率和收入水平。

为进一步加深对人力资本与经济增长相关理论的理解，以下根据人力资本要素在生产函数中的"外生""内生"作用，分别对古典经济增长理论中的哈罗德—多马模型，新古典经济增长理论中的索洛模型，新经济增长理论中的阿罗"干中学"模型、罗默模型、卢卡斯模型等内容做出系统梳理并展开研究。[①]

一　"外生人力资本"经济增长理论

（一）哈罗德—多马模型

英国经济学家哈罗德和美国经济学家多马，将经济增长作为独立的研究领域，针对 20 世纪 30 年代凯恩斯理论有关短期、静态分析方法的缺陷，提出了对经济增长进行长期动态分析的方法。在这一过程中，哈罗德从储蓄和投资入手，多马从投资所具有的二重性入手，在凯恩斯"有效需求"理论的基础上，运用要素间不可替代的生产函数分别构建了哈罗德模型和多马模型，得出了相同的结论。后人将两人的研究成果合并，形成了哈罗德—多马模型（Harrod – Domar Model）。

哈罗德—多马模型的假设条件为：

（1）整个社会只有一个厂商、生产一种产品；

（2）储蓄 S 同国民收入 Y 是一种简单的比例函数，即 $S = sY$，其中，s 为常数，代表储蓄率；

（3）劳动力 L 的外生增长率为 n，即 $dL/L = n$；

（4）没有技术进步，且对资本存量 K 不予折扣，即 $dK/dt = I$；

（5）生产任何已知的产出流量 Y 所需的资本量 K 和劳动力 L 都是唯一给定的，即生产函数被假定为 $Y = \min (K/v, L/U)$，其中 v 表示生产一单位的产出所需要的资本投入，即资本—产出比。U 表示

① 刘志刚：《人力资本配置与区域经济增长研究——以京津冀区域为例》，博士学位论文，河北大学，2008 年，第 51—52 页。

生产一单位产出所需要的劳动投入，即劳动—产出比。此种生产函数在技术上的特征为两种生产要素 K 和 L 的完全不可替代性。

根据凯恩斯总需求决定总产出的平衡方程，当经济增长要素需要保持均衡时，投资就要与储蓄保持相等，即 I = S。储蓄由假设（1）可知为 S = sY，于是进一步可得 I = S = sY。

根据生产函数（5），在资本—产出比为 v 的假设条件下，产量净增加 dY 应该是 dY = dK/v；再由假设（4）dK/dt = I 可知，产量净增加 dY 对投资 I 所产生的需求为：I = vdY；在此基础上，可得 sY = S = I = vdY，也即 dY/Y = s/v。

以上即为哈罗德—多马模型的核心方程，表明经济增长取决于一个国家或地区储蓄率的高低，是典型的资本决定。

（二）索洛模型

"二战"以后西方各国的经济发展表明，各国的国民收入虽然经常处于波动之中，却没有出现哈罗德模型所指的那种大起大落的状态。在仔细研究哈罗德的理论之后，美国经济学家索洛（Solow）在《对经济增长的一个贡献》一文中指出，哈罗德模型的问题在于他隐含了资本与劳动不可替代的假定。他放松这一假定，集中于把资本—劳动率和资本—产出率内生化，并提出了一种新的经济增长理论模型，被称为新古典增长理论。与此同时，澳大利亚经济学家斯旺（Trevor Swan）也独立地提出了相同的增长模型，人们称他们的模型为索洛—斯旺经济增长模型（通常称索洛模型）。

1. 索洛模型的假设条件

索洛模型接受了除资本与劳动不可替代之外的所有哈罗德—多马模型假定。索洛用具有规模报酬不变、要素之间可替代的新古典生产函数替代了哈罗德—多马模型的生产要素间不可替代的生产函数。

新古典生产函数 Y =（K，L）具有以下三个性质：

（1）生产要素边际产出递减，即：

$$\frac{\partial F}{\partial K} > 0, \frac{\partial^2 F}{\partial K^2} < 0 \quad \frac{\partial F}{\partial L} > 0, \frac{\partial^2 F}{\partial L^2} < 0$$

（2）规模报酬不变，即：

$F = (\lambda K, \lambda L)$，对一切 $\lambda > 0$

（3）稻田条件，即：

$$\lim_{k \to 0}(F_K) = \lim_{L \to 0}(F_L) = \infty \quad \lim_{K \to \infty}(F_K) = \lim_{L \to \infty}(F_L) = 0$$

规模报酬不变的假设意味着产出可被写为：

$$Y = (K, L) = L \times F(K/L, 1)$$

令 $Y/L = y, K/L = k, f(k) = F(K/L, 1)$

则生产函数就可以表示为集约形式：

$$Y = f(k)$$

2. 具有技术进步的索洛基本方程

在索洛模型中，由于劳动力和技术进步是三个变量中的外生变量，因此该经济系统的行为特征就由作为内生变量的资本所决定。索洛基本方程描述了资本变量的行为特征。该方程为：

$$dk/dt = s \times f(k) - (n+g)k$$

其中，n 为劳动力的增长率，g 为外生的技术进步率。

从索洛基本方程可分析得出，人均资本的变化 dk/dt（又称为资本深化）等于人均储蓄 $sf(k)$ 减去用于装备新增长劳动的投资（$n+g$）（又称为资本广度化）。索洛基本方程还可以表述为：

资本深化 = 人均储蓄 - 资本广度化

3. 索洛模型均衡解的存在性与稳定性

（1）索洛模型均衡解的存在性。根据索洛方程，可以将人均储蓄和资本广度化表示在同一坐标轴中，如图 3 - 1 所示。索洛模型均衡解的存在性可从中得以体现。

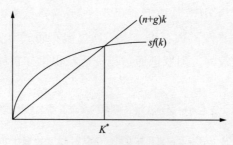

图 3 - 1　索洛模型均衡

在索洛模型中，生产函数的理论假设保证了 sf(k) 和（n+g)k 两个函数的曲线有且仅有一个交点。设交点为 K*。在 K* 处，由于人均储蓄和资本广度化相等，故资本深化停滞，即：

$$dk^*/dt = s \times f(k^*) - (n+g)k^*$$

由模型的假设，外生的技术进步 T 以 g 的增长率增长，劳动力 L 以 n 的增长率增长，因此，有效劳动 TL 将以（n+g）的增长率增长。由于在 K* 处，k=K/TL 保持不变，而 TL 以（n+g）的增长率增长，因此资本 K 必定以（n+g）的增长率增长。资本 K 和有效劳动 TL 都以（n+g）的增长率增长，由生产函数规模报酬不变的假定可知，产出 Y 也将以（n+g）的增长率增长。因此在 K* 处，所有的变量都以（n+g）的增长率增长，故索洛模型存在均衡解。在均衡路径上，K、Y 将以（n+g）的增长率增长，而人均资本 K/L、人均产出 Y/L 将以 g 的增长率增长。[①]

（2）索洛模型均衡解的稳定性。根据上述均衡解的存在性分析，索洛模型存在均衡解，但这个均衡解稳定性是怎样的？即当 k 偏离 K* 时，它是否会向 K* 处收敛？

当 k<K* 时，人均储蓄大于资本广度化，由索洛方程可知，人均资本 k 将增加；反之，当 k>K* 时，人均储蓄小于资本广度化，人均资本 k 将减少。因此，无论最初 k 在何处，它都会向 K* 自动收敛。因此，索洛模型的均衡解是稳定的。[②]

二 "内生人力资本"经济增长理论

（一）阿罗"干中学"新经济增长模型

最早尝试将技术进步内生化的是阿罗（Kenneth J. Arrow），他在 1962 年提出了"干中学"模型。阿罗（Arrow）认为，人们所获得的一切都只是通过"做"而获得，人们通过演奏而成为演奏家，通过参与建设而成为建筑师。阿罗把通过投资活动积累知识的方式称为"干

---

① 李奇泽：《人力资本对中国经济增长贡献的实证分析》，硕士学位论文，内蒙古大学，2006 年，第 22—24 页。

② 王金营：《区域人力资本积累和开发机制研究》，人民出版社 2013 年版，第 94—97 页。

中学"。"干中学"所积累起来的知识，有助于企业生产效率的提高，且"干中学"所积累起来的知识会随投资规模的扩大而无限增长，能够为长期的经济发展提供保证。一般来讲，投资规模越大，通过"干中学"所积累的知识就越多，所以在"干中学"模型中，一般用资本存量来度量"干中学"所积累的知识。

假设通过"干中学"获得的知识，一旦被发现就会立即外溢到整个经济范围中，每个企业知识上的变化对应于整个经济的学习过程，且与总资本存量的变化成正比。

设企业的生产函数采用柯布—道格拉斯生产函数，于是"干中学"模型的方程就可以写为：

$$Y = AF(K, L)$$

其中，Y 为总产出，A 为技术因子（随着经验的增长而不断改变），K 为资本投入，L 为劳动投入。

由于模型用到了复杂的数学工具，谢辛斯基（Sheshinski, 1967）将模型做了进一步简化，简化的阿罗模型，核心是技术进步方程式，其总量生产函数可以写为：

$$Y = F(K, AL)$$

其中，A 为知识存量，是知识投资的副产品，$A = K^{\mu}$，μ 为小于 1 的常数，表明技术进步是资本积累的函数；AL 是有效劳动。

该模型表明，产出不仅是有形要素的投入，也是学习和经验积累的结果。生产者经验的增长可以被资本积累的增长指数化，简化的阿罗模型显然是将技术进步的一部分作用内生化了。由于单个厂商将知识存量 A 看作是给定的，所以单个厂商的规模收益不变，但是，由于知识是一种可为大家共享的产品，因此，任何厂商的经济活动对其他厂商都有好处，这就是所谓的外部经济性。也正是因为这种外部经济性的存在，使整个经济表现为规模收益递增。

（二）罗默新经济增长模型

罗默从 20 世纪 80 年代开始发表一系列有关经济增长的论文，是新增长理论的主要代表人物。1986 年他提出第一个新增长理论模型，该模型抛弃了新古典增长模型的技术外生与规模收益不变的假定，在规模收益递增的分析框架下考察了经济实现均衡增长的可能性，使经济增长理论进入了一个新的发展阶段。1987 年他又提出了一个在专业化和收益递增框架下解释经济增长的模型，该模型把收益递增看作专业化程度提高的结果，专业化引起的收益递增导致了经济的持续增长。由于这两个模型都存在明显的缺陷，1990 年罗默又构造了一个更加完整的模型，即"内生技术变化模型"。① 在该模型中，产量是技术、人力资本、物质资本和劳动的函数，他将劳动划分为简单劳动和熟练劳动（即人力资本），并假设知识的生产只依赖于人力资本投入和现有的知识存量，并将人力资本定义为对正规教育和在职培训累积效应的测量。为便于分析，罗默假定人口增长率为零，人力资本存量不变，模型中包括了三类部门：研究和开发部门（R&D）、中间产品部门和最终产品部门。

研究和开发部门使用人力资本和知识存量生产新知识，投入为人力资本、已有知识存量，产出为新知识。其函数为：

$$\dot{A} = \delta \cdot H_A \cdot A$$

其中，δ 为生产系数，H_A 为投入的人力资本，A 为知识存量。知识的作用有两种：一是导致新技术的产生；二是增加了知识存量，使 R&D 部门的生产率上升。

中间产品部门为资本品生产部门，其中的企业必须自行设计或购买一项技术。假设有了技术之后可以将 η 单位的最终产品转化为一单位的资本品，由于资本品之间互不相同，出于成本最小考虑，假设企业 i 是资本品 j 的唯一生产者和出售者，中间产品部门为垄断竞争市场结构，则每个企业面对向下倾斜的需求曲线。

最终产品部门利用人力资本、生产者耐用品和劳动生产最终产品——消费品，其生产函数为：

$$Y(H_Y, L, x) = H_Y^\alpha L^\beta \sum x_i; \alpha, \beta \geqslant 0$$

其中，Y 表示最终产品的产出，H_Y 表示用于最终产品生产的人力

---

① 朱勇：《罗默的新增长理论述评》，《中国人民大学学报》1997 年第 5 期，第 19—24 页。

资本投入，L 表示劳动投入，$x = \{x_I\}$ 表示最终产品生产所需的资本品集合。各类资本品之间不能完全代替，每一类对产出都具有单独作用。α、β 表示人力资本和劳动力的产出弹性。

上述模型描述的经济系统存在唯一均衡增长路径，其增长率为：

$$g = \delta H - \Lambda r$$

其中，$\Lambda = \alpha / (1 - \alpha - \beta)(\alpha + \beta)$，$H = H_Y + H_A$

即人力资本总投入量 H 为投入研究部门与最终产品部门的人力资本之和，r 为资本收益率。

可见，增长率 g 与劳动规模 L 无关，而是与人力资本 H 有关，并随着 H 的增长而增加。通过对 H 的分析可知，只有通过研究部门生产的新知识才能使 A 的存量增加，进而增加中间产品的数目，以用于最终产品的生产，提高生产率。因此，长期经济增长率主要取决于人力资本在研究部门中的使用量，即取决于 H_A。同 g 一样，H_A 随着 H 的增加而增加，即：

$$H_A = H - 1/\delta \cdot \Lambda r$$

由罗默的"内生技术变化"模型，可以得出这样的结论：人力资本是经济增长的决定因素，人力资本的增加不仅导致产量的增加，还引起知识与资本比率的增加以及研究部门人力资本占总人力资本比率的增加。如果一国的人力资本水平太低，研究部门的人力资本可能为零。这时，经济陷入停滞状态，被"锁定"在"低收入的陷阱里"。

另外，收益递增是由内生的知识增加引起的。对于研究部门来说，知识具有正的外部性。对于中间产品部门而言，新知识引起分工的深化。这两个效应都造成最终产品生产的规模收益递增。[1]

（三）卢卡斯新经济增长模型

卢卡斯在舒尔茨、阿罗等研究的基础上，将人力资本作为一个独立的因素引入经济增长模型，将索洛的技术进步概念具体化为每个人的专业化人力资本，并将劳动区分为"原始劳动"（Raw Labor）和表

---

① 刘金梅：《陕西省人力资本与经济增长关系研究》，硕士学位论文，西北大学，2008 年，第 12 页。

现劳动技能的"专业化人力资本"（Specified Human Capital），且认为这种专业化人力资本才是经济增长的真正动力。在卢卡斯看来，人力资本既可以产生内部效应，也可以产生外部效应。内部效应是指单个人的人力资本对他自身生产率的影响；外部效应则是指平均的人力资本水平对生产要素生产率的影响。人力资本的积累主要通过两种途径实现：一是脱离生产的正规、非正规学校教育；二是生产中的边干边学，工作中的实际训练和经验积累。

学校教育型人力资本积累模型为：

$$\eta(t) = h(t) \cdot \delta \cdot [1 - u(t)]$$

其中，$h(t)$ 为人力资本，δ 为人力资本的产出弹性，$1 - u(t)$ 表示脱离生产在校教育时间（假设生产时间与在校教育时间之和为1）。

该模型表达了第一种人力资本积累的方式。由式中可见，人力资本的增长与原有人力资本水平有关，原有人力资本水平越高则人力资本积累越快。另外还与在校受教育的时间有关，受教育时间越长则人力资本积累越多。

阿罗于1962年提出了边干边学模型，认为技术进步可以通过工作岗位上经验的积累而得到。卢卡斯认为，人力资本也可以通过工作而积累，他进一步强调了外部效应对人力资本积累的作用。

边干边学型人力资本积累模型为：

$$C_i(t) = h_i(t) \cdot u_i(t) \cdot N(t) ; \quad i = 1, 2$$

其中，C_i 为第 i 种商品的产出，该模型假设共产出两种商品，因此也将此模型称为两商品模型（Two Goods Model）。$h_i(t)$ 为生产 i 商品所需的专业化人力资本，它通过"干中学"获得。$u_i(t)$ 为生产第 i 种商品投入的劳动系数，$u_1 + u_2 = l$。$N(t)$ 为人时计量的劳动投入量。由于 $h_i(t)$ 是边干边学的结果，$h_i(t)$ 因此随着生产商品的数量增加而上升，即：

$$h_i(t) = h_i(t) \cdot \delta_i \cdot u_i(t) ; \quad i = 1, 2$$

该式表明，提高专业化人力资本水平可通过生产中的边干边学，工作中的实际训练来实现，如果某人力资本是生产某一种商品所需的特殊的或专业化的人力资本，则该人力资本是产出增长的决定性因素。

在上述模型中，卢卡斯只考虑了人力资本的外在效应。对于特定的商品，专业化人力资本积累是随着时间的推移逐渐递减的。因为在边实践边学习的初期，技能的提升与学习速度较快，之后会逐渐慢下来。但是随着产品的不断更新，不能仅停留在原产品的学习上，还要对新产品进行学习，专业技能会重新积累在之后的学习中。因此，从整体上分析，专业技能积累是递减的。卢卡斯还建立了如下理论假设：生产要素包含资本和人力资本两种，它们的积累具有不同的方式以及增长途径。资本和人力资本的动态行为共同决定了整个经济系统的动态特征。从规模收益的变化趋势看，当人力资本生产表现为规模收益递减时，经济增长将停滞不前；而当人力资本生产表现为规模收益递增时，经济系统将会以一种发散的路径趋势增长；当人力资本规模收益不变时，经济增长率为常数，经济保持增长态势。

另外，卢卡斯还在国际贸易研究中引入人力资本要素，并且指出两国间在生产商品时对人力资本的投资差异导致了经济增长率和收入水平的差异，同时国际贸易能不断深化各贸易国间人力资本禀赋的差异，进而形成各区域专业化生产，提高生产效率，从而达到成本降低、促进经济增长的目的。由于人力资本可产生收益递增，因而对于人力资本存量高的发达国家，其资本利用率也同样会高，进而能将更多的国际资本吸引进来，使资本从人力资本存量低的国家向高的国家流动。同时，卢卡斯还特别表明，扩大经济的开放度有利于使发展中国家从发达国家引进新技术和管理经验，从而更快、更好地发展经济，缩小与发达国家的差距。[①]

三 小结

有关人力资本与经济增长关系的研究，在罗默、卢卡斯为代表的新经济增长理论的推动下更为深入、更加具体化。人们在实践中不仅逐步认清了经济增长中人力资本的重要作用，而且通过该理论进一步

---

① 刘霞、唐绍欣：《西方人力资本理论的新发展述评》，《经济科学》1998 年第 4 期，第 101 页。

优化、调整经济增长速度，并为预测经济增长趋势提供了新的方法和工具。美国哈佛大学经济学家罗伯特·巴罗（R. Barro）等学者通过罗默的理论和研究对许多不同国家的经济增长率进行了比较，结论表明：人力资本投资的缺乏而非物质资本投资的缺乏，才是真正阻碍穷国赶上富国的原因。该结论对经济落后地区的发展具有重要的启示。[①]

京津冀地区是继"长三角"和"珠三角"之后，我国经济增长的第三大引擎。然而，在多年的发展中，京津冀地区与"长三角"和"珠三角"相比，区域内部经济差异较大，尤其是河北省与京津两市的经济发展水平差异较大，区域一体化发展相对滞后。造成这种局面的原因有很多，而人力资本的差异是其中的重要原因。因此，研究京津冀地区人力资本水平差异，分析其对区域经济差异的影响，进而提出促进区域经济协调发展的人力资本对策，尤其是提出经济较为落后地区人力资本总量增长与经济发展的策略，具有十分重要的现实意义。

第四节　人力资本对区域经济协调发展的影响

通过以上人力资本与经济增长相关理论的介绍与分析，可以得知人力资本在推动区域经济发展过程中，发挥着不可比拟的重要作用。本节在总结上述研究成果的基础上，对人力资本如何影响一个区域的经济协调发展做进一步阐释。

一　人力资本与区域经济增长速度

发达国家的经济发展历程表明：工业化初期的经济增长，主要依赖于资本的积累和资源的丰度；进入工业化高级阶段后，技术进步对经济增长的贡献远远大于有形资本积累的贡献，而技术进步的源泉正是人力资本的积累。舒尔茨对美国农业 1910—1959 年近 50 年间的研

---

① 何成东：《人力资本与京津冀地区经济协调发展》，硕士学位论文，首都经贸大学，2008 年，第 16—18 页。

究表明，物力投资增长4.5倍，收益只提高3.5倍；人力资本投资增长3.5倍，收益提高却达到17.5倍。"大量的估计数字表明，国民收入的增长比国民资源的增长要快。与用于产生收入的土地、实际劳动量和再生产性资本的数量三者结合起来的数量相比，美国国民收入持续增长的速度要高得多"。①

关于人力资本对区域经济增长的促进作用，本章前半部分已进行了全面、细致的分析，在此不再赘述。值得注意的是，人力资本投资收益率高于物质资本收益率的现象在人力资本匮乏的欠发达地区表现得尤为明显。对落后地区的人力资本投资将有助于改善落后地区的发展环境，推动落后地区经济增长，实现区域经济协调发展。

二　人力资本与区域经济增长方式的转变

经济增长方式即经济增长发展模式，一般分为粗放型和集约型，也可以分为速度型和效益型，或投入驱动型和效率驱动型等。经济增长一般来自两个方面：一是投入的增长；二是单位投入产出的增长，即生产效率的提高。投入增加带动的经济增长是粗放型或投入驱动型的增长；单位投入产出增加引起的增长是集约型或效率驱动型的增长。经济增长方式的选择与国家或地区的经济发展条件和环境相关，增长方式的转变在一定程度上也反映经济发展的水平。

根据美国经济学家约翰·肯德里克的考察，1989—1919年，美国GNP（国民生产总值）年均增长3.9%，其中要素生产率的提高对经济增长的贡献为1.3%，此时，美国经济还处于粗放型增长阶段；1919—1957年，美国GNP年均增长3.2%，其中要素生产率的提高对经济增长的贡献达到2.1%，这时，美国已进入集约型增长阶段；之后，由于遭遇能源危机，基于环境保护等方面的因素，美国进一步改进了增长方式，低能耗和低污染的高科技行业和现代服务业逐渐成为经济主体，经济增长也主要依靠人力资本投入带来生产率的提高。

基于人力资本的"外部效应"与"溢出效应"可知，人力资本不仅可以使劳动力自身的生产效率提高，而且能够带动其他生产效率

---

① 李玉江：《区域人力资本研究》，科学出版社2005年版，第99页。

的提高，进而促进经济增长方式的转变。我国学者吴建国的研究计算即表明：人力资本大大提高了资本要素的生产效率，1990—1998 年，我国资本对经济增长的贡献率，在人力资本的作用下足足提高了13%—14%。①

因此，若要提高落后区域生产要素的生产效率，就要投资该落后地区的人力资本，通过人力资本的不断积累，进而转变区域经济增长方式，实现经济结构的优化调整和动能转换，使落后区域顺利驶入经济发展的快车道，换挡提速，实现弯道超车。

三 人力资本与区域资源的优化配置

在资源的优化配置过程中，人力资本主要发挥了集聚效应与扩散效应。一般来看，人力资本集聚的地区，也是知识、技能等智力资源以及资金、资产等物质资源较为集中的地区。这是由人力资本内在的"正向作用"以及"外部作用"所共同决定的。一方面，在人力资本的集聚效应辐射下，受利益驱动的各类生产要素逐步实现了由"收益洼地"向"收益高地"的聚集与融合，形成了新的经济增长极与动力源。另一方面，随着人力资本不断聚集与智力竞争的加剧，一部分人力资本载体为了追求更加舒适的生活环境与更为广阔的发展空间，开始逐步由人力资本较为充沛的地区向人力资本较为匮乏的地区流动，产生了一定的扩散效应。② 随着外来人力资本与本地物质资本的匹配结合，经济欠发达地区将会逐渐进入经济增长的"良性循环"期，最终实现区域间的经济发展均衡化。

四 人力资本与产业结构调整

在区域经济发展中，一个区域如具有某种资源禀赋，该区域往往会通过生产具有比较优势的产品，形成本区域特色产业来参与区域分

---

① 何成东：《人力资本与京津冀地区经济协调发展》，硕士学位论文，首都经贸大学，2008 年，第 16—18 页。

② 在卢卡斯悖论中，人力资本大部分只会流向人力资本较为富集的地区。但从实践中可知，人力资本尤其是中高端的人力资本在更为优惠的招才引智政策下，在更为广阔的发展空间下，在更为舒适的生活环境下，会实现人力资本的"逆向"流动，产生一定的扩散效应。

工。如一个区域的劳动力资源丰富、劳动成本低，则该地区可能会形成劳动密集型的特色产业；一个地区技术优势明显，则该地区可能会形成技术密集型的特色产业；一个地区自然资源丰富，则该地区可能会形成资源主导型的特色产业。但基于人力资本的研究视角可知，无论是劳动密集型特色产业，还是技术密集型与资源主导型的特色产业，其归根结底都与人力资本的发展紧密相关。可以说，没有人力资本的依托支撑，任何产业实现稳定发展与跨越式增长都是一句空话。

除基本的支撑作用外，人力资本对产业的结构调整还会产生巨大的拉动作用。综观国内"珠三角""长三角"的发展经验可知，依托一类人才、开办一家企业、形成一个链条，打造一个产业已经成为屡见不鲜的客观现实。可以说，没有中高端人力资本的强大拉力，产业结构调整就缺乏了必要的动力和活力。

因此，加大欠发达地区的人力资本投资力度，持续改善欠发达地区的人力资本结构，不断提高欠发达地区向发达地区的招才引智力度，是带动欠发达区域实现产业结构优化调整、促进经济又好又快发展的核心所在。

第四章　人力资本与京津冀协同发展

通过第三章的分析可知，人力资本在区域经济协调发展中发挥着重要作用。人力资本不仅可以直接影响区域经济增长的质量速度，还会对区域资源的优化配置、产业结构的调整与转型升级带来不可忽视的重要影响。客观分析京津冀三地经济发展现状，探究影响京津冀协同发展因素，特别是人力资本要素在促进京津冀经济收敛（又称趋同，convergence）中的作用及对京津冀协同发展中的贡献程度，具有重要的理论和现实意义。

第一节　京津冀协同发展概述

一　京津冀协同发展的提出

京津冀协同发展提出之前，早在 20 世纪 70 年代，相关部门与地区就曾开展过有关京津冀协调发展的研究。截至目前，京津冀合作与协调发展工作已进行了四十余年。表 4 - 1 对这一过程的一些标志性事件和规划，进行了较为全面系统的梳理和总结。

表 4 - 1　　　京津冀协同发展标志性事件与重要发展节点

年份	事件/规划
1976	国家计划委员会组织了京津唐国土规划课题研究
1981	华北地区成立了全国最早的区域经济合作组织——华北经济技术协作区
1986	李瑞环提出环渤海区域合作问题，京津冀区域设立了环渤海地区经济联合市长联席会

续表

年份	事件/规划
1988	北京与保定、廊坊等组建环京经济技术协作区，建立了市长专员联席会制度，设立了日常工作机构
1992	中共河北省委提出"两环"（环京津、环渤海）开放带动战略
1995	贾庆林提出"首都经济"概念，逐渐演变为北京重点发展"总部经济"
2001	吴良镛提出"大北京"概念，"大北京"实际上是京津和冀北地区（包括京津唐、京津保两个三角形地区）的简称，2001 年 10 月 12 日，被简称为"大北京规划"的"京津冀城乡地区空间发展规划研究"通过建设部审定
2004	由国家发展和改革委员会主持的京津冀地区经济发展战略研讨会在河北廊坊召开，会上京津冀三省、市政府达成廊坊共识
2005	亚洲银行提出"环京津贫困带"概念，在京津周边存在着 24 个贫困县
2006	北京市与河北省正式签署《北京市人民政府、河北省人民政府关于加强经济与社会发展合作备忘录》
2006	国家发展和改革委员会提出"京津冀都市圈（2+7）"，即以京津为核心，包括河北省的唐山、秦皇岛、承德、张家口、保定、廊坊和沧州 7 个市，后来又加上石家庄，形成"2+8"模式
2008	农工民主党北京市参政议政委员会提出创建"大首都特区"，将京津一体作为"泛华北五环绕复合同心圆圈区"的核心圈，逐层外向辐射拉动，最终形成了所谓"泛大华北区域经济协作地带"
2012	建设"首都经济圈"、河北省"沿海发展战略"纳入国家"十二五"规划
2014	习近平总书记发表重要的"2·26 讲话"，提出京津冀协同发展"七点要求"
2015	中共中央政治局审议通过《京津冀协同发展规划纲要》
2016	围绕《京津冀协同发展规划纲要》中的各项内容，京津冀三地全面推动落实，一大批合作项目落地
2017	中共中央、国务院决定在河北雄县、容城、安新三县及周边部分区域设立"雄安新区"，并拟打造成为承接北京非首都功能，推动京津冀协同发展的"主平台"与"排头兵"
2017	京津冀三地联合发布《京津冀人才一体化发展规划（2017—2030 年)》

资料来源：部分转引自张可云、蔡之兵《京津冀协同发展历程、制约因素及未来方向》，《河北学刊》2014 年第 6 期，第 102 页。

由以上时间节点和关键事件可以看出，京津冀协同发展在所经历的近半个世纪的探索发展中，近年来推进步伐与发展节奏不断加快。特别是 2015 年 4 月，中共中央政治局审议通过了《京津冀协同发展规划纲要》，正式将京津冀协同发展上升为国家战略。《纲要》的提出，标志着京津冀协同发展的顶层制度设计已经完成，推动京津冀协同发展的总体路线与发展方向在政策上得以正式确立。2015 年 11 月，河北省委发布《关于制定河北省"十三五"规划的建议》，首次正式明确了河北省内各个城市在京津冀地区中的区域功能定位与未来发展方向，京津冀协同发展进入了前所未有的高速发展期。

习近平总书记强调，"推动京津冀协同发展，是面向未来打造新的首都经济圈、推进区域发展体制机制创新的需要；是探索完善城市群布局和形态、为优化开发区域发展提供示范和样板的需要；是探索生态文明建设有效路径、促进人口经济资源环境相协调的需要；是实现京津冀优势互补、促进环渤海区域经济发展、带动北方腹地发展的需要"。因此，无论从国家层面来看，还是从北京、天津以及河北实际情况来看，推动京津冀协同发展，都是有效促进"两市三地"区域间优势互补、良性互动、共赢发展的重大举措。

二　京津冀协同发展的现状

当前，京津冀协同发展已经步入快车道，经济整体协同水平与资源互补、整合能力均有了较大幅度的提高。尽管如此，但与"长三角""珠三角"等发达城市经济圈相比，京津冀无论是在整体经济发展水平上，还是在内部区域经济、社会、教育、人才等结构上，都存在很多亟待解决的突出问题，发展现状并不乐观。主要表现在：

（一）京津冀整体经济发展水平较低

与"长三角"和"珠三角"相比，京津冀的经济发展相对落后。2013 年，北京、天津的人均 GDP 分别为 93213 元、101689 元，虽然高于上海的 90765 元，但河北的人均 GDP 仅为 38832 元，远远低于江苏的 74699 元、浙江的 68594 元和广东的 58678 元。2013 年，上海实际利用外资为 167.8 亿美元，天津、北京、河北实际利用外资分别为 168.3 亿美元、85.2 亿美元和 66.7 亿美元。上海实际利用外资虽与天津大体相等，但却是北京的 1.97 倍、河北的 2.5 倍。上海的进出口总值为8121亿美元，北京、天津分别是4291亿美元、1285亿美元，上海进出口总值是北京的1.9倍、天津的6.3倍。相比之下，河北与江浙地区的差距更大。①

（二）京津冀内部经济发展水平差距较大

京津冀三地虽地处近邻，但内部的经济发展水平却参差不齐、差异很大，这可以从经济总量、人均GDP、居民收入与支出、进出口及引用外资等具体指标上加以反映。

1. 京津冀经济总量与人均GDP

表4-2列举了2009—2015年京津冀三地GDP、人均GDP的比较数据。

表4-2　　　　　　　　京津冀地区经济总量与人均GDP

指标	地区	年份						
		2009	2010	2011	2012	2013	2014	2015
地区生产总值（亿元）	全国	349081.4	413030.3	489300.6	540367.4	595244.4	643974.0	685505.8
	京津冀合计	36910.3	43732.3	52074.9	57348.3	62685.8	66474.5	69358.9
	北京	12153.0	14113.6	16251.9	17879.4	19800.8	21330.8	23014.6
	天津	7521.9	9224.5	11307.3	12893.9	14442.0	15722.5	16538.2
	河北	17235.5	20394.3	24515.8	26575.0	28443.0	29421.2	29806.1
	河北占比（%）	46.7	46.6	47.1	46.3	45.4	44.3	43.0
人均地区生产总值（元/人）	全国	25963	30567	36018	39544	43320	47203	49992
	北京	66940	73856	81658	87475	94648	99995	106497
	天津	62574	72994	85213	93173	100105	105231	107995
	河北	24581	28668	33969	36584	38909	39984	40255

资料来源：河北省统计局：《河北省经济年鉴2016》。

从表4-2中可以看出，京津冀三地之间GDP总量和增速差异显

① 王书利：《京津冀协同发展研究》，博士学位论文，天津大学，2014年，第20页。

著。就 GDP 总量而言，与北京、天津两市相比，河北的经济总量较大。在 2009—2015 年时段内，河北在京津冀三地中所占的比重一直超过 40%，是同时期天津市 GDP 的近 2 倍多。但从人均地区生产总值上看，河北的人均 GDP 水平不仅落后于全国平均水平，更远远落后于京津两地。表 4 - 2 显示，在 2009—2015 年时段内，北京、天津、河北的人均 GDP 虽都出现了快速增长，但增速并不一致。其中，天津的人均 GDP 增长最快，在 2011 年超过北京，成为京津冀三地中人均 GDP 水平最高的地区。而河北增速相对最慢，从比例上看，2009 年河北省人均 GDP 只占北京、天津的 36.7% 和 39.2%；到 2015 年，河北省人均 GDP 仍只占北京、天津的 37.7% 和 37.3%。这在一定程度上反映出：虽经过多年的快速发展，河北与京津两地间在人均 GDP 指标上仍存在较大差距，三地间经济发展"断层"依然存在，并未出现明显的改观。

2. 京津冀居民收入与支出

表 4 - 3 分别从"城镇居民人均可支配收入""农村居民人均纯收入""城镇居民人均消费支出""农村居民人均生活消费支出"四方面反映了京津冀三地间居民的生活水平。与人均 GDP 类似，河北在这几项指标中不仅普遍落后于全国平均水平，更与京津两地相去甚远。以 2013—2015 年近三年的数据指标为例，河北城镇居民人均可支配收入分别只占北京的 56%、55%、49% 和天津的 78%、77%、77%；农村居民的人均纯收入分别只相当于北京的 50%、50%、54% 和天津的 59%、60%、60%。消费支出的情况亦然，即河北基本上保持在北京 1/2、天津 2/3 的水平。

表 4 - 3　　　　　　　　京津冀居民收入与支出情况

指标	地区	年份						
		2009	2010	2011	2012	2013	2014	2015
城镇居民人均可支配收入（元）	全国	17174.7	19109.4	21809.8	24564.7	26467.0	28843.9	31194.8
	北京	26738.0	29073.0	32903.0	36469.0	40321.0	43910.0	52859.0
	天津	21402.0	24292.6	26921.0	29626.4	28980.0	31506.0	34101.0
	河北	14718.3	16263.4	18292.2	20543.4	22580.0	24141.0	26152.2

续表

指标	地区	年份						
		2009	2010	2011	2012	2013	2014	2015
农村居民人均纯收入（元）	全国	5153.2	5919.0	6977.3	7916.6	9429.6	10488.9	11421.7
	北京	11986.0	13262.0	14736.0	16476.0	18337.0	20226.0	20569.0
	天津	10675.0	11801.0	11891.0	13571.0	15405.0	17014.0	18482.0
	河北	5149.7	5958.0	7119.7	8081.4	9102.0	10186.0	11050.5
城镇居民人均消费支出（元）	全国	12264.6	13471.5	15160.9	16674.3	18487.5	19968.1	21392.4
	北京	17893.0	19934.0	21984.0	24046.0	26275.0	28009.0	36642.0
	天津	14801.4	16561.8	18424.1	20024.2	22306.0	24290.0	26230.0
	河北	9678.8	10318.3	11609.3	12531.1	13641.0	16203.8	17586.6
农村居民人均生活消费支出（元）	全国	3993.5	4381.8	5221.1	5908.0	7485.1	8382.6	9222.6
	北京	9141.0	10109.0	11078.0	11879.0	13553.0	14529.0	15811.0
	天津	4926.0	5606.0	6725.0	8337.0	10155.0	13739.0	14739.0
	河北	3349.7	3844.9	4711.2	5364.1	6134.0	8248.0	9022.8

资料来源：河北省统计局：《河北省经济年鉴 2016》。

3. 京津冀进出口与利用外资情况

表 4 - 4 显示了京津冀三地进出口与利用外资的情况。之所以选择这两个指标，是因为从进出口总额与外商直接投资总额上，可以较好地反映出一个地区的对外开放程度、市场经济环境、市场发展潜力等情况。从表 4 - 4 中可以看出，无论是在进出口总值，还是在吸引外商直接投资方面，河北在京津冀三地中所占比例均较低。在进出口总值方面，河北占比只有 1/10 左右；在吸引外商直接投资方面，河北省占比也从 2013 年的 20.3% 降至 2015 年的 15.3%，只占北京的 1/2，天津的 1/3 左右。这从一个侧面反映出：与京津两地相比，河北的外向型经济发展水平仍然较低，吸引外商的政策与环境缺乏，市场竞争力与活跃度仍处于中下水平。

以上三个方面的分析指标虽没有穷尽所有因素，但足以反映京津冀三地在经济总量、居民生活水平、市场竞争环境、对外贸易活跃程度上存在的较大差异。其中突出表现为河北的滞后与落差。

表4-4   京津冀进出口与利用外资情况

指标	年份	北京	天津	河北	京津冀合计	河北占比（%）
进出口总值 （亿美元）	2009	2147.9	639.4	296.1	3083.5	9.6
	2010	3016.6	822.0	419.3	4257.9	9.8
	2011	3895.8	1033.9	536.0	5465.7	9.8
	2012	4081.1	1156.2	505.5	5742.8	8.8
	2013	4299.4	1285.3	548.8	6133.5	8.9
	2014	4155.4	1339.1	598.8	6093.3	9.8
	2015	3194.2	1143.5	514.8	4852.5	10.6
外商直接 投资 （亿美元）	2009	61.2	90.2	36.0	187.4	19.2
	2010	63.6	108.5	38.3	210.4	18.2
	2011	70.5	130.6	46.8	247.9	18.9
	2012	80.4	150.2	58.1	288.6	20.1
	2013	85.2	168.3	64.5	318.0	20.3
	2014	90.4	188.7	63.7	342.8	18.6
	2015	130.0	211.3	61.8	403.1	15.3

资料来源：河北省统计局：《河北省经济年鉴2016》。

（三）京津冀三地区域分割较为严重

衡量一个地区经济发展状况的另一重要指标，是考察区域间的经济联系水平。一般通过各地的GDP增长率，可以测算出区域间的经济相关系数。表4-5显示了由2000—2012年的GDP相关增长率测算出的京津冀三地经济相关系数。

表4-5   2000—2012年京津冀三地间的GDP增长率相关系数

地区	北京	河北	天津
北京	1	0.52	-0.165
河北	0.52	1	0.804
天津	-0.165	0.496	1

资料来源：转引自张可云《京津冀协同发展历程、制约因素及未来方向》，《河北学刊》2014年第6期，第102页。

由表4-5可知，京津冀三地经济之间联系并不紧密，突出表现为河北与北京、天津与北京的区域分割。一方面，河北与北京的经济联系较为薄弱，两地经济增长相关系数仅为0.52；另一方面，北京与天津之间经济增长相关系数为负，表明两地之间非但没有经济上的合作性和互补性，反而出现了冲突性与排他性。这与"长三角"地区上海、江苏与浙江的情况形成了鲜明的对比（见表4-6）。

表4-6　2000—2012年"长三角"三地间的GDP增长率相关系数

地区	上海	江苏	浙江
上海	1	0.725	0.940
江苏	0.725	1	0.804
浙江	0.940	0.804	1

资料来源：转引自张可云《京津冀协同发展历程、制约因素及未来方向》，《河北学刊》2014年第6期，第102页。

京津冀三地由于在经济发展方式、产业结构上的重叠，相互之间并没有形成"差异化"的错位发展定位，自然不可能形成上下一体、优势互补的发展格局。各自为政、相互掣肘，即成为一个时期的常态。

（四）京津对河北的"虹吸"效应较为显著

由于北京、天津与河北在经济发展、人均工资、社会保障以及城市化等方面的差异，使大量河北的劳动力，其中不乏较多的高端人才流向了北京与天津等地，如表4-7所示。在巨大的"虹吸"效应及利益驱动下，北京与天津的外来人口中，分别有高达22.13%、25.22%的比例来自河北。"虹吸"效应加剧了地区间不平衡，多年来，河北始终面临高端人才短缺的困境，严重制约着河北经济社会的快速发展。

表4-7　2010年京津冀外来常住人口中来自其他两省或直辖市的人口

现居住地	来源北京	来源天津	来源河北
北京	—	83050	1559016
天津	22731	—	754466
河北	74697	65019	—

资料来源：根据2010年第六次人口普查长表数据整理得出。

三 小结

基于京津冀协同发展所面临的问题，国内学者从不同角度进行了探究。王静丽、耿树海等认为，北京强大的"虹吸效应"和"集聚效应"在区域内形成了"厚己薄彼"的现状。魏进平等分别从区域关系论、政治体制论、市场论以及文化论等方面阐述了协同效果差的原因。吴群刚等在分析区域空间、制度安排、顶层规划等因素的基础上，得出了从产业协同、人口迁移等方面着手，才能从根本上改变京津冀发展现状的结论。贾冀南、孙翠兰等认为，造成京津冀发展不平衡、不协调的因素很多，其中一个不容忽视且需要引起学界、政界高度重视的是人力资本在推动京津冀协同发展，尤其是促进京津冀经济一体化过程中的作用。

相对于其他因素，人力资本是影响区域经济发展更为重要的因素，是促进经济发展的"内生动力"与"发展引擎"。基于人力资本视角研究京津冀三地的协同发展，越来越得到国内众多学者的广泛认同。贾冀南等从人力资本流失的角度，分析了造成河北与北京、天津经济发展水平差异的原因。李海峥等利用 DIVISIA 指数分解法区分了京津冀三地的各项人力资本存量差异以及对经济造成的不同影响。张亚平等依据 M－R－W 增长模型，把人力资本范围扩展到教育和健康两个方面，并用固定效应模型估计了人力资本对京津冀地区经济增长差异的影响。

目前，国内学者虽然在研究人力资本与京津冀一体化相互关系上取得了一定成果。但总体上看，这些研究成果在京津冀三地人力资本存量水平的测算与对比分析、人力资本对区域经济增长的实证研究等方面，仍未得出令人十分信服的结论。[①]

本章后三节将在全面总结和改进国内相关研究学者理论方法的基础上，利用人力资本丰裕估算模型及 J－F 收入法，对人力资本与京津冀协调发展的关系进行定量分析，力求为后续河北省人力资本积累

---

① 陈亮、苏建宁：《人力资本积累对京津冀协同发展的影响研究——基于 2000—2015 年数据的实证》，《河北经贸大学学报》2017 年第 3 期，第 88—89 页。

路径的探究提供实证依据。

第二节　京津冀人力资本测度及相关比较

一　人力资本丰裕估算模型的构建

探讨人力资本测度方法的目的在于能用一个量化的指标体系，较为全面地反映出人力资本的现状，并便于与其他地区进行比较，从而对所研究区域的人力资本现状有一个较为直观和客观的了解。由于反映人力资本的要素不是同质要素，无法用统一的单位直接进行计算，因此，只能在不同变量中选择不同的指标，通过构建丰裕估算模型进行对比分析。①

如前所述，能够反映人力资本的因素很多，进行人力资本存量对比必须首先对诸多反映人力资本的因素进行筛选，所选取的因素合理与否直接影响到对比的合理性。鉴于此，在进行因素的选择时主要考虑两个方面：一是尽可能全面地反映出人力资本的状况；二是注重统计资料的可获得性和真实性。

为全面反映京津冀三地人力资本现状，本书将丰裕评价指标划分为六大类：A 类为教育；B 类为科技水平；C 类为职业培训；D 类为医疗健康；E 类为人口迁移；F 类为收入与就业情况。具体描述和细分子指标如表 4 - 8 所示。在选取反映教育维度的指标时，本模型选择了"15 岁及以上人口文盲数""每十万人口高等学校平均在校生数""初中生在校生与师资人数比""年度人均教育经费"4 个子指标；在选取反映科技水平维度的指标时，本模型选择了"规模以上工业企业 R&D 经费""规模以上工业企业新产品项目数""规模以上工业企业发明专利申请数"3 个子指标；在选取反映职业培训维度的指标时，本模型采用了"每十万人口中职学校（机构）平均在校生数"

---

① 闫淑敏、段兴民：《中国西部人力资本存量的比较分析》，《中国软科学》2001 年第 6 期，第 100 页。

"中等职业学校（机构）在校生数与教职工总数比例"2 个子指标；
在选取反映医疗健康维度的指标时，本模型采用了"人口死亡率"
"每万人拥有卫生技术人员数""每万人医疗机构床位数"3 个子指
标；在选取人口迁移维度的指标时，本模型采用了"迁出率""迁入
率"2 个子指标；在选取反映收入与就业维度的指标时，本模型采用
了"居民人均可支配收入""城镇登记失业率"2 个子指标。

表 4 - 8　京津冀人力资本存量测度——丰裕估算模型指标体系

维度	具体指标与测算单位
教育维度（A）	15 岁及以上人口文盲数（人）
	每十万人口高等学校平均在校生数（人）
	初中生在校生与师资人数比
	年度人均教育经费（元）
科技水平（B）	规模以上工业企业 R&D 经费（万元）
	规模以上工业企业新产品项目数（项）
	规模以上工业企业发明专利申请数（件）
职业培训（C）	每十万人口中职学校（机构）平均在校生数（人）
	中等职业学校（机构）在校生数与教职工总数比例
医疗健康（D）	每万人拥有卫生技术人员数（人）
	每万人医疗机构床位数（张）
	人口死亡率（‰）
人口迁移（E）	迁出率（‰）
	迁入率（‰）
收入与就业（F）	居民人均可支配收入（元）
	城镇登记失业率（%）

资料来源：国家统计局：《2016 国家统计年鉴》。

二　京津冀人力资本测度分析

通过整理国家统计局与河北省统计局相关数据，可得京津冀人力
资本丰裕估算模型指标对比数据，如表 4 - 9 所示。

表 4-9   京津冀人力资本丰裕估算模型指标对比

指标	细分指标	作用	统计数据			Max/Min 大于 2 的指标
			北京	天津	河北	
教育(A)	A1：15 岁及以上人口文盲数（人）	衡量人口受教育水平	301781	215117	944890	√
	A2：每十万人口高等学校平均在校生数（人）	衡量高人力资本水平	5218	4185	2141	√
	A3：初中生在校生与师资人数比	衡量普通教育资源配置情况	8.62	9.92	13.58	
	A4：年度人均教育经费（元）	衡量人均教育资源情况	5082.42	4170.24	1470.97	√
科技水平(B)	B1：规模以上工业企业 R&D 经费（万元）	衡量高人力资本水平及产出	2440875	3526665	2858051	
	B2：规模以上工业企业新产品项目数（项）		10580	9800	7489	
	B3：规模以上工业企业发明专利申请数（件）		10281	6507	3393	√
职业培训(C)	C1：每十万人口中职学校（机构）平均在校生数（人）	衡量整体职业培训情况	22.54	15.83	12.11	
	C2：中等职业学校（机构）在校生数与教职工总数比例	衡量职业培训资源配置情况	8.59	10.73	10.77	
医疗健康(D)	D1：每万人拥有卫生技术人员数（人）	衡量人均卫生资源情况	104	59	50	√
	D2：每万人医疗机构床位数（张）		51.4	41.17	46.07	
	D3：人口死亡率（‰）	衡量整体人口健康情况	4.95	5.61	5.79	
人口迁移(E)	E1：迁出率（‰）	衡量人口流动情况	4.39	3.78	5.73	
	E2：迁入率（‰）		41.65	26.6	2.63	√

续表

指标	细分指标	作用	统计数据			
			北京	天津	河北	Max/Min 大于 2 的指标
收入与就业（F）	F1：居民人均可支配收入（元）	衡量人力资本投资能力	48457.9	31291.3	18118	√
	F2：城镇登记失业率（%）	衡量人力资本收益与"干中学"水平	1.4	3.5	3.6	√

注：A1 为抽样调查数据，A4 为 2014 年统计数据，E1、E2 根据 2010 年第六次人口普查数据计算得出，其余数据由 2016 年中国统计局年度数据整理得出。

　　从以上 6 大指标 16 个子指标对比数据中可以看出，京津冀三地的人力资本水平参差不齐且差异较大。特别是北京与河北之间的差距，在 8 项子指标中差值倍数均大于 2，在"15 岁及以上人口文盲数""年度人均教育经费""迁入率""居民人均可支配收入"和"城镇登记失业率"5 个指标中差值倍数甚至大于 3。

　　另在 2014 年国家统计局公布的各省（市）知识经济竞争力、科技竞争力、教育竞争力、文化竞争力全国排名中，河北在大部分指标上的排名均落后于北京、天津两地，也从另一个角度说明了河北与京津两地在人力资本各项指标上的差距，如表 4 - 10 所示。

表 4 - 10　　　　　京津冀知识经济竞争力、科技竞争力、

教育竞争力、文化竞争力全国排名情况

年份	指标项目	北京市	天津市	河北省
2013	知识经济竞争力	3	7	18
	科技竞争力	3	7	18
	R&D 人员	3	6	16
	R&D 经费	3	9	16
	R&D 经费投入强度	1	3	20

续表

年份	指标项目	北京市	天津市	河北省
2013	发明专利授权量	5	12	18
	技术市场成交合同金额	1	7	24
	财政科技支出占地方财政支出比重	2	5	20
	高技术产业增加值	10	8	19
	高技术产业增加值占工业增加值比重	2	5	24
	高技术产品出口额占商品出口额比重	9	4	13
	教育竞争力	1	7	18
	教育经费	13	23	7
	教育经费占 GDP 比重	16	21	23
	人均教育经费	2	3	31
	公共教育经费占财政支出比重	21	12	8
	人均文化教育支出占个人消费支出比重	3	28	23
	万人中小学生学校数	30	28	16
	万人中小学专任教师数	30	29	19
	高等学校数	14	23	7
	高校专任教师数	7	23	8
	万人高等学校在校学生数	1	2	24
	文化竞争力	4	20	17
	文化产业增加值	4	26	12
	图书和期刊出版数	21	26	13
	报纸出版数	16	18	9
	出版印刷工业销售产值	3	21	8
	城镇居民人均文化娱乐支出	2	7	28
	农村居民人均文化娱乐支出	1	5	20
	城镇居民人均文化娱乐支出占消费性支出比重	3	28	23
	农村居民人均文化娱乐支出占消费性支出比重	2	14	20

资料来源：国家统计局：《2014 全国各省（区、市）综合竞争力报告》。

三　小结

造成京津冀人力资本水平差异的因素很多。这里面既有历史原

因，也有现实问题；既与河北省先天人力资本微、宏观投资不足有
关，也与京津两地对河北产生了强大的人力资本"虹吸效应"有关。
多年来，北京、天津等基于自身经济、政治、文化、科技等方面的优
势，在京津冀协同发展中处于绝对强势地位，对河北产生了强大的
"虹吸效应"。长期以来，人力资本，特别是高端人力资本不断从河北
流入京津，已经形成了一种循环累积效应，产生了严重的"路径依
赖"，持续拉大了北京、天津与河北之间的人力资本差距。

需要思考的是，京津冀三地间日益扩大的经济社会差距与人力资
本差距之间具有怎样的内在联系？人力资本对京津冀三地的协同发展
（收敛、趋同式发展）是否产生了影响，具体作用程度又如何？基于
以上问题，本书展开如下实证分析与研究。

第三节 人力资本与京津冀经济收敛关系实证

一 模型的构建与指标解释

（一）Barro 和 Sala – I – Martin 模型

经济收敛（或趋同）反映的是地区间的收入水平或经济差距，随
着时间的推移而逐渐缩小的趋势，直至达到一定稳定状态的过程。根
据 Barro 和 Sala – I – Martin（1991，1992）的研究成果，可将经济收
敛分为 σ 收敛和 β 收敛，其中 β 收敛又根据是否有控制变量，细分为
β 绝对收敛和 β 条件收敛。[①]

1. σ 收敛

σ 收敛指的是地区间人均收入水平上的收敛，具体表现为人均收
入离差指标随着时间推移逐渐缩小。一般应用标准差、变异系数、泰

---

① 除 σ 收敛和 β 收敛外，还有一类为俱乐部收敛，其主要侧重研究地区内部之间经济
发展的收敛性，如在研究国内东、中、西部的经济收敛情况时，同时需要考虑东部、中部、
西部内部省份的收敛现象（蔡昉等，2000）。由于本书侧重研究京津冀三地间的经济收敛现
象，加之京津又是直辖市，内部经济结构较为一致，所以本书未对京津冀三地的俱乐部收
敛现象进行研究。

尔系数、基尼系数等来测度检验地区间经济是否存在 σ 收敛。本书选取应用最为普遍的标准差和变异系数来直观测度京津冀三地的收敛现象。其中，变异系数的计算方法为：

$$C. V 变异系数 = (SD 标准差 / Mean 平均值) \times 100\% \qquad (4-1)$$

2. β 收敛

β 收敛指的是地区间经济增长率或人均收入增长率上的收敛，具体表现为人均收入相对落后或经济欠发达地区，只有保持相对较高的人均收入增长率或经济增长率，才能随时间推移不断缩小与发达地区的差距。除初始人均收入等条件外，根据是否需要其他经济特征（储蓄率、人力资本、劳动生产率或技术水平等）作为研究的一部分，可将 β 收敛又分为 β 绝对收敛和 β 条件收敛。

Barro 和 Sala - I - Martin β 绝对收敛的模型为：

$$[\ln(Y_{it}) - \ln(Y_{i0})]/T = \alpha_i + \beta \ln Y_{i0} + \varepsilon_i$$

$$YGROW = \alpha_i + \beta \ln Y_{i0} + \varepsilon_i \qquad (4-2)$$

在模型（4-2）中，i 表示某一个地区（城市），Y 代表人均收入水平，t 和 0 分别代表 i 地区（城市）期末与期初，$[\ln(Y_{it}) - \ln(Y_{i0})]/T$ 可以解释为 T 时间段内 i 地区（城市）的年人均收入增长率（可用 YGROW 缩写表示），β 代表 i 地区（城市）期初人均收入水平 Y_{i0} 与 YGROW 年人均收入增长率之间的相关关系，α_i 为截距项，ε_i 为随机扰动项。当 β < 0 时，意味着 Y_{i0} 与 YGROW 之间存在负相关关系，即初期人均收入水平较低的地区（城市），在 T 时间内有较高的人均收入增长率，可以随着时间推移赶上经济发达地区，地区间的经济水平或收入水平逐渐收敛、趋同。反之亦然，当 β > 0 时，意味着地区间并不存在经济水平或收入水平的收敛现象。

Barro 和 Sala - I - Martin β 条件收敛的模型为：

$$[\ln(Y_{it}) - \ln(Y_{i0})]/T = \alpha_i + \beta \ln Y_{i0} + \lambda X_i + \varepsilon_i$$

$$YGROW = \alpha_i + \beta \ln Y_{i0} + \lambda X_i + \varepsilon_i \qquad (4-3)$$

模型（4-3）与模型（4-2）的各个要项基本相同，只是在模型（4-2）的基础上引入了影响收敛性的控制变量 X_i，λ 为控制变量的相关系数。一般看来，X_i 可以代表人力资本、市场化程度、储蓄

率、劳动生产率等。其中，人力资本是其中最重要的要素之一。本书
也只将人力资本作为控制变量，引入经济收敛的实证研究中。

（二）指标解释

本书选取 2000—2014 年京津冀三地省级经济数据展开相关研究。
选用指标与计算方法如表 4 – 11 所示。

表 4 – 11　　　　　　　　　　指标选取与计算方法

模型	变量	指标	计算方法
Barro 和 Sala – I – Martin 的 σ、β 收敛检验	Y*	人均 GDP	按照不变价格计算的 GDP 总量与人口总数之比
	h	人均人力资本	以 Jorgenson – Fraumeni（J – F）终身收入计算法测算得出
	YGROW	年人均 GDP 增长率	期末与期初人均 GDP 对数之差除以时间段 T

在 Barro 和 Sala – I – Martin σ、β 收敛检验过程中，所用 GDP 和
相关人口总量数据均来自国家统计局 2000—2014 年的统计年鉴。其
中 GDP 指标以 1999 年为基准，以 GDP 总值指数（上年 = 100）为乘
数，按照不变价格计算得出。计算人均 GDP 指标时所用人口总数，
以每年末 12 月 31 日人数为准。

由于人力资本包含教育、培训、医疗和迁移等多方面的内容，对
人力资本进行全面、科学、精确的度量，既是研究的重点，也是难
点。目前多数学者采用单一的受教育程度作为衡量人力资本及其水平
的指标，难免会带来统计数值的缺漏，造成统计上的偏差。为此，本
书采用国际上较为流行的 Jorgenson – Fraumeni（J – F）终身收入法来
测度京津冀三地的人力资本存量与水平。该方法主要通过个体预期的
终身收入现值来衡量人力资本的存量与水平，实现了对教育、培训、
迁移、"干中学"等人力资本要素的有效覆盖。为保障统计数据的一
致性，本书重点选用《中国人力资本报告（2016 年）》中京津冀三地
的人力资本总量、人均人力资本用于实证研究。

二　数据来源与选取

基于国家统计局和李海峥教授《中国人力资本报告（2016 年）》的研究成果，可得到京津冀三地 2000—2014 年人均 GDP、人均人力资本等数据。

（一）京津冀人均 GDP 数据

表 4 - 12 反映了京津冀三地 2000—2014 年人均 GDP 的数据情况。

表 4 - 12　　　　　　京津冀三地 2000—2014 年人均 GDP　　　单位：元/人

年份	北京	天津	河北
2000	24122	17353	7592
2001	26998	19141	8251
2002	30840	21387	8960
2003	34892	25544	10251
2004	41099	30575	12487
2005	45444	35783	14782
2006	49505	40961	16894
2007	60096	47970	19662
2008	64491	58656	22986
2009	66940	62574	24581
2010	73856	72994	28668
2011	81658	85213	33969
2012	87475	93173	36584
2013	94648	100105	38909
2014	99995	105231	39984

资料来源：国家统计局网站。

（二）人均人力资本数据

1. 北京人均人力资本

表 4 - 13 反映了北京市 2000—2014 年名义人均人力资本、实际人均人力资本的情况。

表 4 - 13　　　　北京市名义人均人力资本、实际人均人力资本　　单位：千元

年份	名义人均人力资本			实际人均人力资本		
	全市	城镇	农村	全市	城镇	农村
2000	806.86	975.99	225.69	174.15	210.61	48.70
2001	915.36	1094.20	246.52	191.55	229.02	51.60
2002	1040.93	1231.47	268.87	221.89	262.48	57.31
2003	1177.10	1379.10	292.61	250.47	293.36	62.24
2004	1328.11	1539.95	318.81	279.67	324.33	67.15
2005	1480.47	1701.94	341.93	307.18	353.15	70.95
2006	1701.10	1945.71	377.09	349.73	400.13	77.55
2007	1943.70	2213.73	414.48	390.33	444.58	83.24
2008	2192.97	2488.07	452.95	419.09	475.42	86.55
2009	2473.20	2795.90	494.82	479.82	542.38	95.99
2010	2722.01	3066.67	534.26	515.72	580.96	101.21
2011	2919.95	3278.69	563.12	523.83	588.19	101.02
2012	3214.04	3599.88	592.59	558.14	625.18	102.91
2013	3509.35	3921.56	621.59	589.94	659.29	104.50
2014	3816.95	4255.14	650.76	631.55	704.11	107.68

资料来源：李海峥：《中国人力资本报告（2016年）》。

2. 天津人均人力资本

表 4 - 14 反映了天津市 2000—2014 年名义人均人力资本、实际人均人力资本的情况。

表 4 - 14　　　　天津市名义人均人力资本、实际人均人力资本　　单位：千元

年份	名义人均人力资本			实际人均人力资本		
	全市	城镇	农村	全市	城镇	农村
2000	496.83	573.24	256.54	138.66	160.06	71.63
2001	559.80	646.26	282.44	154.39	178.31	77.93
2002	628.82	725.91	311.25	174.22	201.09	86.22
2003	712.15	823.88	339.69	195.30	225.97	93.17

年份	名义人均人力资本			实际人均人力资本		
	全市	城镇	农村	全市	城镇	农村
2004	806.07	933.24	373.89	216.12	250.21	100.24
2005	905.83	1049.64	408.73	239.25	277.26	107.97
2006	1041.02	1205.76	453.55	270.95	313.79	118.04
2007	1195.89	1384.82	502.18	298.74	345.87	125.42
2008	1354.35	1566.61	550.67	321.01	371.23	130.49
2009	1540.05	1778.32	609.66	368.58	425.65	145.92
2010	1747.79	2015.46	671.85	404.10	466.09	155.37
2011	1969.55	2271.47	737.58	434.19	500.76	162.61
2012	2232.34	2574.34	809.10	479.15	552.61	173.68
2013	2521.86	2909.55	885.11	525.13	605.79	184.29
2014	2856.70	3297.49	966.70	583.77	673.76	197.52

资料来源：李海峥：《中国人力资本报告（2016 年）》。

3. 河北人均人力资本

表 4－15 反映了河北省 2000—2014 年名义人均人力资本、实际人均人力资本的情况。

表 4－15　　河北省名义人均人力资本、实际人均人力资本　单位：千元

年份	名义人均人力资本			实际人均人力资本		
	全省	城镇	农村	全省	城镇	农村
2000	248.44	471.40	167.18	81.53	139.98	60.23
2001	283.78	534.47	183.75	92.12	158.07	65.80
2002	316.50	583.94	200.27	103.30	175.15	72.08
2003	352.71	637.43	218.35	112.30	186.90	77.05
2004	391.53	693.26	239.65	119.28	196.02	80.69
2005	429.11	736.42	264.23	128.36	205.35	87.05
2006	488.73	815.80	296.04	143.29	223.68	95.90
2007	551.75	898.37	328.98	154.07	236.08	101.42

续表

年份	名义人均人力资本			实际人均人力资本		
	全省	城镇	农村	全省	城镇	农村
2008	616.50	976.08	365.31	161.65	243.82	104.18
2009	687.59	1054.68	409.90	181.16	266.59	116.51
2010	760.80	1137.64	456.28	194.19	279.66	125.17
2011	847.56	1240.81	504.37	204.37	289.67	129.93
2012	935.78	1337.83	555.58	219.70	304.21	139.68
2013	1017.18	1423.10	609.76	231.71	315.10	148.12
2014	1109.47	1515.96	669.06	248.32	330.05	159.65

资料来源：李海峥：《中国人力资本报告（2016年）》。

三 实证结果分析

（一）σ 收敛检验

由 Barro 和 Sala-I-Martin 理论可知，检验京津冀三地之间是否存在 σ 收敛，主要是观察京津冀三地间人均 GDP 差距是否随着时间推移而逐渐变小。根据 2000—2014 年的统计资料，可得表 4-16 和图 4-1。

表 4-16　　　　　2000—2014 年京津冀人均 GDP 标准差、
变异系数等统计数据

年份	人均 GDP 标准差	平均值	变异系数	最大值	最小值	中位数
2000	6423.84	15912.92	0.40	23179.33	7557.63	17001.80
2001	7140.37	17556.11	0.41	25498.73	8184.48	18985.12
2002	7787.09	19308.86	0.40	27671.86	8922.24	21332.48
2003	8472.18	21439.87	0.40	30019.59	9907.21	24392.80
2004	9476.19	24137.10	0.39	33403.50	11119.53	27888.26
2005	10232.46	26729.94	0.38	36252.44	12532.25	31405.12
2006	10899.94	29317.61	0.37	39005.00	14089.84	34857.99
2007	11865.43	32423.05	0.37	42662.19	15790.33	38816.63

续表

年份	人均 GDP 标准差	平均值	变异系数	最大值	最小值	中位数
2008	12355.81	34731.38	0.36	44047.71	17270.73	42875.71
2009	13286.56	37643.08	0.35	47835.05	18876.27	46217.94
2010	14275.24	40708.38	0.35	53088.88	20708.13	48328.13
2011	15525.30	44302.63	0.35	59241.55	22898.55	50767.80
2012	16708.41	47646.71	0.35	64649.59	24934.96	53355.59
2013	17945.91	50947.95	0.35	69815.63	26814.06	56214.16
2014	19203.59	54053.19	0.36	74519.09	28359.74	59280.73

　　图 4-1 更加清晰直观地反映了京津冀 2000—2014 年人均 GDP 标准差、变异系数的变化波动与发展趋势。从中可知，2000—2014 年京津冀三地人均 GDP 的水平差距呈现不断扩大趋势。其中变异系数自 2000 年起逐渐下降，在 2009 年左右出现拐点并开始平稳上升，呈现出阶段性波动。综合分析标准差、变异系数等发展趋势，可知京津冀三地人均 GDP 的绝对差距并没有随着时间推移而逐渐缩小，反而逐渐扩大。因此，可以判断近年来京津冀三地之间的经济水平并没有呈现 σ 收敛。

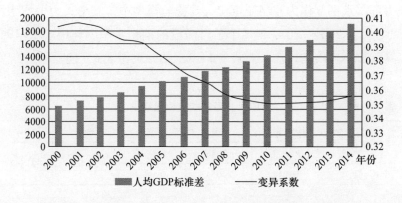

图 4-1 京津冀 2000—2014 年人均 GDP 的标准差、变异系数

（二）β 收敛检验

β 收敛检验可划分为 β 绝对收敛和 β 条件收敛。本书中的 β 绝对收敛，是以 T 时间段内的年人均 GDP 增长率 YGROW 为因变量，以期初 Y_0 人均 GDP 水平为自变量的线性回归检验。在这一检验过程中，本书将 2000—2014 年的数据划分为 4 个子时间段。这样一方面增加了样本的统计数量，另一方面也尽可能消除截面数据存在的内生性问题。利用 SPSS 19.0 工具和最小二乘估计法，对式（4－2）估计可得表 4－17。

表 4－17　　　　　　　京津冀 β 绝对收敛检验结果

变量	标准系数	t 值	Sig.	F 值	DW
常数项	0.178	3.877	0.013	232.221	1.877
LOG（Y_0）	0.054	1.246	0.089		

从表 4－17 中可以看出，常数项和 LOG（Y_0）的标准化系数分别通过了 5% 和 10% 水平下的检验，整体模型的 DW 也在合理的置信区间，因此检验结果可以接受。其中 LOG（Y_0）的系数值大于 0，反映了初始人均 GDP 水平较低的地区，并没有获得更高的年增长率。据此，可以说明在 2000—2014 年，京津冀三地之间并不存在 β 绝对收敛。

为进一步检验人力资本要素在京津冀三地间的收敛作用，本书将人力资本水平 h 作为控制变量代入到检验模型中，其中人力资本水平 h 的数据为 2000—2014 年 4 个子时间段的期初水平。利用 SPSS 19.0 工具和最小二乘估计法，对式（4－3）估计可得表 4－18。

表 4－18　　　　　　　京津冀 β 条件收敛检验结果

变量	标准系数	t 值	Sig.	F 值	DW
LOG（Y_0）	－0.023	－2.886	0.061	127.665	2.542
LOG（h_0）	0.014	2.054	0.084		

从表 4－18 中可以看出，LOG（Y_0）和 LOG（h_0）均通过了 10% 水平下的显著性检验，整体模型的 DW 也在合理的置信区间，因

此检验结果可以接受。值得注意的是，LOG（Y_0）的系数为负且 LOG（h_0）系数为正，表明在人力资本作为控制变量的前提下，京津冀三地之间呈现出了 β 条件收敛，且人力资本在这一过程中，发挥了正向的促进作用。关于这一结论，也可以从图 4 - 2 中得到进一步印证。

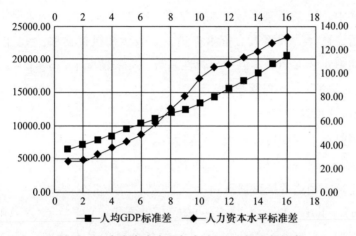

图 4 - 2　人力资本水平与人均 GDP 标准差散点

图 4 - 2 是 2000—2014 年京津冀三地人均 GDP 标准差与人力资本水平标准差的变化趋势散点图。从图 4 - 2 中可以直观看出，京津冀人均 GDP 标准差与人力资本水平标准差之间呈现了非常显著的趋同性，即人均 GDP 标准差高时，人力资本水平标准差也较高；反之亦然。这也从另一个角度进一步证明了人力资本水平与京津冀三地经济收敛性的密切关系。

第四节　人力资本对京津冀协同发展贡献实证

一　模型的构建与指标解释

（一）人力资本有效劳动模型和外部性模型

为有效检验人力资本在促进京津冀经济发展中的具体贡献程度，对比人力资本与固定资本两要素的不同产出弹性，本书应用王金营（2013）的有效劳动模型和外部性模型进行实证检验。

1. 人力资本有效劳动模型

$$Y_t = A_t K_t^\alpha H_t^\beta e_t$$

同时对上式两边取对数，可得到：

$$\ln Y_t = \ln A_t + \alpha \ln K_t + \beta \ln H_t + \varepsilon_t \qquad (4-4)$$

其中，Y_t 表示某区域 t 年的 GDP，A_t 为常数，K_t 表示 t 年物质资本存量，H_t 表示 t 年人力资本存量，ε_t 表示随机扰动项。α、β 分别是物质资本和人力资本的产出弹性系数。一般情况下，$\alpha + \beta = 1$。

2. 人力资本外部性模型

$$Y_t = A_t K_t^\alpha H_t^{1-\alpha} h_\varepsilon^\beta e_t$$

同时对上式两边取对数，可得到：

$$\ln Y_t = \ln A_t + \alpha \ln K_t + (1-\alpha) \ln H_t + \beta \ln h_t + \varepsilon_t$$

将该式两边变换整理得到：

$$\ln Y_t - \ln H_t = \ln A_t + \alpha(\ln K_t - \ln H_t) + \beta \ln h_t + \varepsilon_t \qquad (4-5)$$

模型（4-5）与模型（4-4）的各个要项基本相同，只是增加了 h_t 人力资本水平变量，β 表示人力资本水平的产出弹性系数。

人力资本有效劳动模型与外部性模型的区别性在于：有效劳动模型中的人力资本只发挥出了作为生产要素的一般属性，而外部性模型不仅考虑了人力资本的一般要素作用，还将人力资本水平作为独立生产要素纳入其中，充分考虑了人力资本对其他生产要素产生的"外部效应"与"溢出作用"。

（二）指标选取与数据来源

本书选取 2000—2014 年京津冀三地省级经济数据展开相关研究。选用指标与计算方法如表 4-19 所示。

表 4-19   指标选取与计算方法

模型	变量	指标	计算方法
人力资本有效劳动和外部性模型检验	Y	GDP	按照不变价格计算的 GDP 总量
	K	物质资本总量	参照李海峥报告中的实际固定资本值
	H	人力资本总量	以 Jorgenson - Fraumeni（J-F）终身收入
	h	人均人力资本	计算法测算得出

与 Barro 和 Sala-I-Martin σ、β 数据来源相同，本部分所用 GDP
和相关人口总量数据均来自国家统计局 2000—2014 年统计年鉴。其
中 GDP 指标也是以 1999 年为基准，以 GDP 总值指数（上年 = 100）
为乘数，按照不变价格计算得出。

为了便于计算上的准确性、统一性，本部分的物质资本总量、人
力资本总量和人均人力资本数据统一参照李海峥的《中国人力资本报
告（2016 年）》。其中，京津冀三地人均人力资本数据在 Barro 和 Sala-
I-Martin σ、β 验证中已列出，此部分不再重复。

二　数据来源与选取

基于国家统计局和李海峥《中国人力资本报告（2016 年）》中的
研究成果，可得到京津冀三地 2000—2014 年 GDP、物质资本总量
（实际固定资本总量）、人力资本总量和人均人力资本等数据结果。

（一）京津冀 GDP 指标

表 4-20 反映了京津冀三地 2000—2014 年 GDP 的数据情况。

表 4-20　　　　京津冀三地 2000—2014 年 GDP　　　　单位：亿元

年份	北京	天津	河北
2000	3161.66	1701.88	5043.96
2001	3707.96	1919.09	5516.76
2002	4315	2150.76	6018.28
2003	5007.21	2578.03	6921.29
2004	6033.21	3110.97	8477.63
2005	6969.52	3905.64	10012.11
2006	8117.78	4462.74	11467.6
2007	9846.81	5252.76	13607.32
2008	11115	6719.01	16011.97
2009	12153.03	7521.85	17235.48
2010	14113.58	9224.46	20394.26
2011	16251.93	11307.28	24515.76
2012	17879.4	12893.88	26575.01
2013	19800.81	14442.01	28442.95
2014	21330.83	15726.93	29421.15

资料来源：国家统计局网站。

（二）人力资本、物质资本指标

1. 北京人力资本、物质资本指标

表4－21反映了北京市2000—2014年的名义人力资本、实际人力资本以及实际固定资本情况。其中，"分五种受教育程度"指按"未上学""小学""初中""高中"和"大专及以上"5种学历层次进行划分；"分六种受教育程度"指按"未上学""小学""初中""高中""大专"和"本科及以上"6种学历层次进行划分（以下同）。

表4－21　　　　　　　北京市名义人力资本、实际人力
资本、实际固定资本　　　单位：十亿元

年份	名义人力资本		实际人力资本		实际固定资本
	分五种受教育程度	分六种受教育程度	分五种受教育程度	分六种受教育程度	
2000	9366	11162	2021	2409	379
2001	10879	12502	2277	2616	425
2002	12647	14430	2696	3076	485
2003	14593	16156	3105	3436	561
2004	16780	18793	3533	3958	648
2005	19015	21278	3945	4416	743
2006	23152	26964	4760	5544	845
2007	27914	32448	5606	6517	960
2008	33142	38827	6334	7421	1067
2009	39148	45895	7595	8902	1178
2010	45042	52371	8534	9920	1327
2011	50004	57364	8971	10290	1469
2012	56845	65286	9872	11336	1638
2013	63995	73617	10758	12380	1806
2014	71716	82550	11866	13658	1976

资料来源：李海峥：《中国人力资本报告（2016年）》。

2. 天津人力资本、物质资本指标

表 4 - 22 反映了天津市 2000—2014 年的名义人力资本、实际人力资本以及实际固定资本情况。

表 4 - 22　　　　　　天津市名义人力资本、实际
　　　　　　　　　人力资本、实际固定资本　　　单位：十亿元

年份	名义人力资本		实际人力资本		实际固定资本
	分五种受教育程度	分六种受教育程度	分五种受教育程度	分六种受教育程度	
2000	4274	4729	1193	1320	276
2001	4936	5470	1361	1509	310
2002	5675	6368	1572	1764	350
2003	6572	7179	1802	1969	402
2004	7589	8312	2035	2228	467
2005	8687	9667	2294	2554	541
2006	10279	12113	2675	3153	630
2007	12129	14901	3030	3722	741
2008	14107	17631	3344	4178	895
2009	16427	20681	3932	4950	1115
2010	19094	24100	4415	5573	1386
2011	21808	27595	4808	6083	1705
2012	25051	31888	5377	6846	2031
2013	28654	36732	5967	7647	2395
2014	32903	42493	6724	8684	2809

资料来源：李海峥：《中国人力资本报告（2016 年）》。

3. 河北人力资本、物质资本指标

表 4 - 23 反映了河北省 2000—2014 年间的名义人力资本、实际人力资本以及实际固定资本情况。

表 4 - 23 　　　　　　　 河北省名义人力资本、实际
人力资本、实际固定资本 　　　单位：十亿元

年份	名义人力资本		实际人力资本		实际固定资本
	分五种受教育程度	分六种受教育程度	分五种受教育程度	分六种受教育程度	
2000	14587	14700	4787	4822	408
2001	16740	16911	5434	5485	452
2002	18718	18927	6109	6172	496
2003	20846	21094	6637	6712	554
2004	23151	23459	7053	7143	630
2005	25250	25590	7553	7649	733
2006	28930	29360	8482	8600	851
2007	32890	33410	9184	9321	990
2008	36860	37480	9665	9819	1177
2009	41180	41910	10850	11034	1368
2010	45830	46680	11698	11910	1579
2011	51180	52190	12341	12577	1849
2012	56450	57580	13253	13511	2127
2013	61580	62790	14028	14300	2412
2014	67260	68570	15054	15339	2695

资料来源：李海峥：《中国人力资本报告（2016 年)》。

三　实证结果分析

人力资本在缩小京津冀三地间的经济差距、促进京津冀经济一体化过程中发挥了显著的正向作用，这一点在第三节的研究中已经得到证实。但人力资本在京津冀三地经济发展中具体贡献程度如何，与物质资本有何区别，是否很好地发挥了"外部效应"和"溢出效应"？这些问题仍需要通过人力资本的有效劳动模型（4 - 4）和外部性模型（4 - 5）做进一步验证。

利用 SPSS 软件对模型（4 - 4）、模型（4 - 5）进行回归分析，可整理形成表 4 - 24、表 4 - 25。

表 4 - 24　　　　　　京津冀人力资本有效劳动模型回归检验结果

变量	北京				天津				河北			
	标准系数	t 值	Sig.	F 值	标准系数	t 值	Sig.	F 值	标准系数	t 值	Sig.	F 值
α	0.425	1.82	0.01	2312.6	0.534	3.38	0.00	671.5	0.616	4.73	0.00	1745.3
β	0.577	2.01	0.00		0.469	2.90	0.00		0.389	2.35	0.03	

注：α 和 β 分别代表物质资本 K 和人力资本 H 的产出弹性。

从表 4 - 24 中可知，人力资本在促进京津冀经济发展中，发挥了比较显著的推动作用，特别是在北京，在相同的资源投入下，人力资本的贡献程度（产出弹性 0.577）已经大于物质资本的贡献程度（产出弹性为 0.425），人力资本已经成为助推当地经济发展的第一生产力。相比之下，天津市和河北省两地的物质资本产出弹性却仍然高于人力资本的产出弹性，特别是河北，物质资本的产出弹性是人力资本的 1.5 倍之多。这表明了天津市、河北省两地的经济发展仍主要依靠物质资本的投入来拉动，人力资本对经济发展的提升作用需要进一步发挥与提高。

表 4 - 25　　　　　　京津冀人力资本外部性模型回归检验结果

变量	北京				天津				河北			
	标准系数	t 值	Sig.	F 值	标准系数	t 值	Sig.	F 值	标准系数	t 值	Sig.	F 值
α	0.447	1.02	0.00	556.25	0.584	0.87	0.00	1482.1	0.662	2.24	0.03	743.2
β	0.621	1.87	0.06		0.517	0.64	0.07		0.402	1.53	0.00	

注：α 和 β 分别代表物质资本 K 和人力资本水平 h 的产出弹性，其中人力资本 H 的产出弹性由 1 - α 得出。

从表 4 - 25 中可知，人力资本及其外部性对京津冀经济产生了十分显著的拉动作用，三地人力资本水平的产出弹性均在一定程度上大于人力资本存量的产出弹性（北京 0.621 大于 0.553；天津 0.517 大

于 0.416；河北 0.402 大于 0.338）。可见，人力资本除具有一般生产
要素的属性外，还会产生较高的"外部效应"和"溢出效应"，通过
有效抑制各要素的边际递减，从根本上保障和促进了经济的可持续
发展。

四 小结

京津冀协同发展的首要任务与目标是促进京津冀三地的经济协同
和均衡化发展。研究表明，在 2000—2014 年京津冀三地的经济差距
不是在逐渐缩小，而是在不断拉大（α 收敛检验，β 绝对收敛检验）。
要想从根本上改变经济发展的依赖路径，需要重新认识并高度重视人
力资本在促进区域经济收敛中的地位与作用（以人力资本为控制变量
的 β 条件收敛检验）。只有牵住了人力资本这个"牛鼻子"，才能有
效破解、补齐京津冀协同发展中的不足与"短板"，促进京津冀三地
经济的持续健康发展（人力资本有效劳动模型和外部性模型验证）。

第五章　河北省人力资本积累路径一：
人力资本宏观投资

　　前文理论研究与实证分析表明，人力资本是影响京津冀协同发展的重要因素。作为京津冀协同发展的薄弱一环，河北省必须通过不断拓宽人力资本积累路径，加大人力资本投资力度，持续提升自身人力资本水平，才能在京津冀协同发展的大背景下顺势而为，取得突破，实现跨越式发展。

　　一般而言，人的体力、智力、知识技能等要素构成人力资本的总和。体力、智力和知识技能并非天生所具有，往往是后天由对人的不断投资而形成的。对人力资本的投资是提高人力资本存量的根本途径。在这一过程中，以政府和公共部门为主体的人力资本宏观投资发挥着至关重要的作用。

　　在已有的研究文献中，一般将教育、健康两方面的投资作为人力资本投资的主要途径。本书认为，在当今知识信息大爆炸的时代，人的创新能力比以往任何时期都显得重要，创新意识与创新能力越来越成为一个地区经济发展的核心要素。除教育外，对科学研究、发明创造的投入也同样有助于提高和培养人的创新能力。因而，对人力资本的投资除了关注教育和健康两方面的投资以外，还应考察对科学研究的投入，只有这样才能较为全面地反映出人力资本投资的状况。

　　本章从教育、健康、科技三个方面，对河北省的宏观人力资本投资状况进行分析。

第一节　河北省教育投资现状及相关比较

一　教育投资分析

教育投资是指一个国家或地区根据教育事业发展的需要投入到教育领域中的人力、物力和财力的总和，或者说是指用于教育、训练后备劳动力和专门人才以及提高现有劳动力智力水平的人力和物力的货币表现。教育投资一般由两大部分构成：一是用于各级各类学校教育的投资；二是用于成人教育的投资。前者用以提高后备劳动力的人力资本水平，后者则用以提高在职劳动力的人力资本水平。

20 世纪 50 年代以前，人们普遍认为教育投资是一种纯消费性的支出，很少使用"教育投资"这一提法，直到 80 年代以后才开始认识到教育具有生产性的特点。

实际上，有关教育投资的性质问题一直是讨论的热点问题，主要有三种代表性的观点：一种观点认为，教育投资是一种消费性投资，甚至认为是一种社会福利。其理由是：一部分教育投资用于培养非物质生产部门的人才，投入人文社会科学方面的费用是非生产性费用，教育费用在教育领域消耗后并不能得到补偿。有学者认为，教育消费就像人们的衣食住行消费一样，是每个人的必要消费。因此，教育投资是非生产性投资，应属消费性投资范畴。另一种观点则认为，教育投资属于生产性投资，因为教育能提高劳动力的质量，在排除其他影响因素的条件下，劳动力质量的提高又对劳动生产率起到积极的促进作用，教育可以提高科学发明的能力，而科学发明转化为生产技术后就形成直接的生产力。还有一种观点介于上述两种观点之间，认为教育首先是一种消费支出，但同时又具有某些投资支出的特点。

教育支出究竟具有什么性质？在此可将一般性支出分为三种类型：一种是满足消费偏好，但不提高人的生产能力的支出，这种支出是纯消费性支出；另一种是提高生产能力而丝毫不满足消费偏好，这种支出则是纯生产性支出，是一种投资；还有一种就是既能满足消费偏好又能提高生产能力的支出，这种支出则同时具有消费和投资的性质。显然，教育投资应该属于第三类，即是一种兼顾消费与投资属性的一种支出。就我国目前经济发展水平和人们对教育的需求来看，尽管随着经济的发展、社会的进步、物质财富的极大丰富和生活水平的极大提高，某些家庭或个人的教育支出是为了自身的精神享受或个人的兴趣追求，教育投资变成了一种纯粹性的消费支出。但从整体上、宏观上看，更多的则是为了提高人力资本水平，进而提高劳动生产率，增加个人收入。可以说，目前我国的教育投资，其投资性质要远大于消费性质。这也是在未来较长时间内，各级政府高度重视加大教育投资的动因所在。

二　河北省教育资源存量分析

教育资源存量是一个地区现有教育资源的规模与质量，是区域宏观教育投资结果的直接体现。对于河北省教育资源存量的分析，可以较为直观地反映河北省宏观教育投资的状况。

河北省教育资源存量分析需要从两个层面展开：一是从"大处"着眼，全面把握教育资源的总量情况；二是从"细处"入手，进一步分析教育资源在各地市的分布与配置情况。基于河北省历年统计年报，本书特别摘选了部分指标，用以反映地区教育资源的存量，如各级各类学校数量、专任教师数量、在校生数量、师生比、文盲率、受教育人口数量等。基本数据如表5-1、表5-2所示。

表5-1　　　　　　　　2015年河北省师资与在校生情况

城市	普通高等学校				普通及职业中学				普通小学			
	学校数（所）	专任教师数（人）	在校生数（人）	师生比	学校数（所）	专任教师数（人）	在校生数（人）	师生比	学校数（所）	专任教师数（人）	在校生数（人）	师生比
河北省	118	69397	1179172	1：17	3158	302703	3761162	1：12	12126	320226	5962361	1：19
石家庄市	—	—	—	—	498	45159	531302	1：12	1470	39649	770394	1：20
辛集市	—	—	—	—	35	3500	33254	1：10	80	1948	40788	1：22

续表

城市	普通高等学校				普通及职业中学				普通小学			
	学校数（所）	专任教师数（人）	在校生数（人）	师生比	学校数（所）	专任教师数（人）	在校生数（人）	师生比	学校数（所）	专任教师数（人）	在校生数（人）	师生比
承德市	—	—	—	—	132	13748	181335	1:13	447	16601	272249	1:17
张家口市	—	—	—	—	183	18318	207148	1:11	531	18955	296618	1:16
秦皇岛市	—	—	—	—	160	13710	139548	1:10	416	13782	195411	1:14
唐山市	—	—	—	—	341	33350	352343	1:11	1127	29520	499749	1:17
廊坊市	—	—	—	—	187	17328	226025	1:13	809	22219	404241	1:18
保定市	—	—	—	—	473	43684	596685	1:14	2162	45940	948955	1:21
定州市	—	—	—	—	41	4507	76200	1:17	260	4465	97672	1:22
沧州市	—	—	—	—	332	27770	326412	1:13	1310	35161	638674	1:18
衡水市	—	—	—	—	186	20861	266535	1:13	868	18668	337118	1:18
邢台市	—	—	—	—	295	27610	365483	1:13	1257	33400	620349	1:19
邯郸市	—	—	—	—	406	41165	568346	1:14	1809	46331	978603	1:21

资料来源：河北省统计局：《2016 年河北经济年鉴》。

表 5-1 主要反映的是河北省及各地市在高等教育、中职教育、初级教育等方面的资源情况。

从总体上看，在高等教育资源方面，2015 年河北省普通高等学校共 118 所，专任教师 69397 人，在校生人数 118 万，师生比为 1:17；在中职教育资源方面，2015 年河北省普通及职业中学共 3158 所，专任教师 30 万人，在校生人数 376 万，师生比为 1:12；在初级教育资源方面，2015 年河北省普通小学共 12126 所，专任教师 32 万人，在校生人数 596 万，师生比为 1:19。

从各地市角度看，全省的教育资源分配并不均衡。以师生比为例，在中职教育资源方面，定州市的师生比只有 1:17，而同为省直管县的辛集市，师生比则几乎为最高值 1:10；在全省 13 个地市与直管县中，秦皇岛市无论是在中职教育，还是在初级教育上，其师生比均为最高，一定程度上反映出秦皇岛在这两个教育层级上的独特资源优势。

表5-2主要反映的是河北省及各地市的文盲人口以及受教育程度的人口分布情况。

表5-2　　　　　　　2015年河北省文盲及受教育程度情况

城市	文盲人口情况			按受教育程度分人口情况								
	15岁及以上人口（人）	文盲人口（人）	文盲率（%）	6岁及以上人口（人）	未上过学（人）	占比（%）	小学（人）	占比（%）	普通及职业中学（人）	占比（%）	大专本科及以上（人）	占比（%）
河北省	570107	22010	3.86	643247	26927	4.19	165846	25.78	384814	59.82	65660	10.21
石家庄市	82165	2613	3.18	90919	3165	3.48	16780	18.46	55689	61.25	15285	16.81
辛集市	4909	134	2.73	5368	189	3.52	1402	26.12	3501	65.22	277	5.16
承德市	28265	1184	4.19	32042	1456	4.54	9820	30.65	18072	56.40	2694	8.41
张家口市	34185	2208	6.46	38144	2500	6.55	12081	31.67	20363	53.38	3200	8.39
秦皇岛市	25058	440	1.76	27617	606	2.19	6782	24.56	15181	54.97	5049	18.28
唐山市	61089	1485	2.43	67445	1919	2.85	16558	24.55	40251	59.68	8717	12.92
廊坊市	36500	1477	4.05	40371	1779	4.41	9632	23.86	23172	57.40	5787	14.33
保定市	78131	2742	3.51	88484	3316	3.75	25129	28.40	53550	60.52	6489	7.33
定州市	8713	293	3.36	9976	359	3.60	2854	28.61	6133	61.48	631	6.33
沧州市	54433	2520	4.63	61896	3110	5.02	16696	26.97	37498	60.58	4593	7.42
衡水市	36297	906	2.50	40797	1219	2.99	10041	24.61	26867	65.86	2670	6.54
邢台市	53127	2518	4.74	61131	3205	5.24	16965	27.75	37280	60.98	3682	6.02
邯郸市	67234	3490	5.19	79055	4104	5.19	21107	26.70	47256	59.78	6587	8.33

注：本数据是2015年人口变动情况抽样调查的样本数据，抽样比为0.94%。

资料来源：河北省统计局：《2016年河北经济年鉴》。

　　总体上看，在文盲人口与文盲率的统计指标中，2015 年河北省 15 岁及以上人口为 57 万人，其中文盲人口 2.2 万人，文盲率为 3.86%；在按受教育程度分人口指标中，2015 年河北省学龄人口 64 万人，其中未上过学人口 2.7 万，占比 4.19%，小学教育程度人口 16.6 万人，占比 25.78%，中学教育程度人口 38.5 万人，占比 59.82%，普通高等教育以上人口 6.6 万人，占比 10.21%。

　　在 13 个地市与省直管县中，张家口的文盲率、未上学人口总数在全省中均为最高；而秦皇岛的文盲率、未上学人口总数指标在全省均为最低。结合表 5 - 1 中秦皇岛市在中职与初级教育等层级上的师生比指标，可以得出教育资源较为丰富的地区，其教育水平程度也较高的结论。

三　河北省教育投入增量分析

　　上述 2015 年单一时间节点数据的分析，仅描述了河北省总体及内部 13 个地市、省直管县的教育资源与教育水平情况，对于深入分析河北省的教育投资状况是远远不够的。需要进一步做动态分析，即需要在剖析某一横截面数据的基础上，将时间轴的面板数据加入其中，以达到从存量中看现状、从增量中看发展、从立体中看变化的数据分析效果。

　　为此，本书进一步拓宽了数据来源范围，从历年《河北省经济统计年鉴》中提取了 2000—2015 年河北省各类学校的数量、师生配比等相关数据，以期对河北教育人力资本情况进行立体式分析解读。如表 5 - 3、表 5 - 4 所示。

表 5 - 3　　　　　　　　2000—2015 年河北省师资与在校生情况

| 年份 | 普通高等学校 | | | 普通及职业中学 | | | 普通小学 | | |
	学校数（所）	专任教师数（万人）	在校生数（万人）	学校数（所）	专任教师数（万人）	在校生数（万人）	学校数（所）	专任教师数（万人）	在校生数（万人）
2000	47	1.94	24	5373	27.75	523	36465	33	814
2001	63	2.37	35	5460	29.10	537	31529	33	748

续表

年份	普通高等学校			普通及职业中学			普通小学		
	学校数（所）	专任教师数（万人）	在校生数（万人）	学校数（所）	专任教师数（万人）	在校生数（万人）	学校数（所）	专任教师数（万人）	在校生数（万人）
2002	75	2.81	47	5422	29.84	562	28433	33	675
2003	83	3.45	55	5385	30.59	579	25700	33	607
2004	87	3.92	70	5230	30.99	567	22953	32	547
2005	86	4.65	79	5022	30.92	549	20883	32	500
5年增长率	83%	140%	224%	-7%	11%	5%	-43%	-3%	-39%
2006	88	4.74	83	4754	30.79	528	19162	32	470
2007	88	5.28	90	4455	30.46	499	17340	32	465
2008	87	5.51	100	4177	29.64	460	16205	32	476
2009	109	5.84	103	3815	29.08	425	14447	32	489
2010	110	6.08	111	3531	28.45	399	13563	32	512
5年增长率	28%	31%	40%	-30%	-8%	-27%	-35%	0%	2%
2011	112	6.27	115	3367	28.14	392	13274	32	541
2012	113	6.50	117	3216	27.61	374	12898	32	562
2013	118	6.68	117	3150	28.70	349	12538	30	546
2014	118	6.86	116	3164	29.56	366	12529	32	564
2015	118	6.94	118	3158	30.27	376	12126	32	596
5年增长率	7%	14%	7%	-11%	6%	-6%	-11%	0%	17%

注：2004年以前年份的职业中学包括职业高中与职业初中，2005年后为职业高中（旧标准）；2007年的职业中学包括职业高中和职业初中（新标准）；普通高等学校指的是普通本专科，即小口径。

资料来源：河北省统计局历年经济年鉴。

表5-3反映的是2000—2015年河北省高等教育、中职教育、初级教育等方面的资源动态变化情况。从表5-3中可以看出，自2000年以来，河北普通高等学校数量逐年增长，2015年达到118所，是2000年的2.5倍；普通及职业中学、普通小学数量呈现负增长。从专职教师数量上看，普通高等学校增幅较大，2005年与2000年相比，

五年提升140%，之后，每五年也均保持两位数增长；普通及职业中学、普通小学的教师数量，2015年与2000年相比，变化幅度并不是很大。从在校生数量上看，普通高等学校呈上升态势；普通及职业中学、普通小学的在校生人数呈现逐年下降趋势。

表 5 - 4 　　　　　　　　河北省历年各文化程度人口情况

年份	年末总人口（万人）	文化程度人口比重（%）				
		未上学人口	小学文化程度人口	初中文化程度人口	高中文化程度人口	大专以上文化程度人口
2000	6674	8.70	35.70	41.30	11.30	2.90
2005	6851	6.90	30.10	46.300	12.00	4.70
2010	7194	3.26	26.79	48.23	13.80	7.93
2014	7384	3.80	25.28	48.26	14.66	8.00
2015	7425	4.19	25.78	43.92	15.91	10.2

注：未上学人口2005年以前为不识字或识字很少的人口。

资料来源：河北省统计局：《2016年河北经济年鉴》。

表 5 - 4 反映的是2000—2015年河北省总人口中各类文化程度人口的占比情况。从表中可以看出，在2000—2015年时段内，河北省各类文化程度的人口比重结构已悄然发生了变化。一方面，具有初级文化程度的人口比重降低，如未上学的人口比重由2000年的8.7%下降到2015年的4.19%，小学文化程度的人口比重由2000年的35.7%下降到2015年的25.78%；另一方面，具有中高级文化程度的人口比重上升，如高中文化程度的人口比重从2000年的11.3%上升到2015年的15.91%，大专以上文化程度的人口比重从2000年的2.9%直线上升到了2015年的10.2%。这些变化也与表5-3中反映出的普通高等学校的在校生人数与专职教师数量呈现快速增长的发展趋势相一致。

综上所述，在2000—2015年的15年时间内，河北省的教育资源（学校数、专职教师数）、教育水平（文盲率）、教育程度（各教育程度人口的比重）等均发生了较大的变化，即教育资源得以不断丰富，教育水平得以不断提升，教育程度得以不断优化。这一切均与河北省不断加大教育方面的人力资本投入密切相关。表 5 - 5 反映了河北省在 2010 年、2014 年和 2015 年三个时间节点上的教育支出情况。从表中可以看出，自 2010 年起河北省财政教育支出总额连年提升，从 2010 年的 514 亿元上升到 2015 年的 1041 亿元，5 年间增加近 1 倍左右，财政教育支出占地方财政总支出的比重也长期保持在 18% 以上。教育财政投入的不断增加，是人力资本"质"与"量"提升的重要保障，是确保宏观人力资本投资的主要渠道。

表 5 - 5　河北省 2010 年、2014 年、2015 年财政教育支出情况

年份	财政教育支出	
	金额（亿元）	占地方财政总支出的比重（%）
2010	514	18.24
2014	869	18.58
2015	1041	18.49

资料来源：河北省统计局：《2016 年河北经济年鉴》。

四　与国内其他省市的相关比较

分析河北省在教育方面的人力资本状况，除省内的比较视角外，还要站在全国的角度，从与其他不同地区、不同省份的横向对比中看，以便能更加客观、准确地反映河北省教育人力资本的存量与投资现状。为此，本书基于国家统计局 2016 年统计年鉴，在选取北京、天津两市相关指标数据的同时，还分别选取了华北、东北、华东、中南、西南、西北、华南等区域部分省份的相关指标数据。如 2015 年各相关省市的文盲率、各级学校平均在校生数量、师生比，以及财政教育投入指标等。通过对比分析，进一步找到河北省在教育人力资本投资上的问题与差距。

表 5 - 6 反映了华北、东北、华东、中南、西南、西北、华南等区域 17 个省市的文盲人口及其比例情况。

表 5 - 6　　　　　　　2015 年各省市 15 岁及以上人口文盲情况

区域	省份	15 岁及以上人口数（人）	15 岁及以上人口文盲数（人）	15 岁及以上人口文盲率（%）
华北	北京市	301781	5188	1.72
	天津市	215117	4490	2.09
	河北省	944890	36479	3.86
	山西省	483788	14435	2.98
	内蒙古自治区	339221	18564	5.47
东北	辽宁省	608639	11654	1.91
	吉林省	377159	9860	2.61
华东	江苏省	1070294	57833	5.40
	浙江省	748742	43947	5.87
中南	河南省	1166364	61206	5.25
	湖北省	771249	45977	5.96
西南	四川省	1074458	87444	8.14
	贵州省	426708	55494	13.01
西北	陕西省	500658	24389	4.87
	甘肃省	335638	37969	11.31
华南	广东省	1412318	40929	2.90
	广西壮族自治区	578067	26921	4.66

注：表内数据是 2015 年全国 1% 人口抽样调查样本数据，抽样比为 1.55%。

资料来源：国家统计局：《2016 年统计年鉴》。

　　从表 5 - 6 中可知，河北省的文盲率指标虽然低于内蒙古自治区的 5.47%，但远高于与之毗邻的北京、天津等地，甚至高于临省山西。对比其他区域的部分省份发现，河北省的文盲率指标虽好于与之经济发展水平类似的河南、陕西等地，但低于东北的辽宁、吉林以及华南的广东等省份。综合排序看，河北省在所遴选的 17 个省份中，文盲率指标居第 7 位，处于较高水平。

　　表 5 - 7 反映的是华北、东北、华东、中南、西南、西北、华南等区域 17 个省市每十万人口中各级学校平均在校生的数量情况。从该表可计算得出，在每十万人口学前教育、小学、初中的平均在校生

指标中，河北在遴选的 17 个省份中分别居第 8 位、第 5 位和第 6 位，分别高于山西、辽宁等省份；在高中、高等教育平均在校生两个指标中，河北在遴选的 17 个省份中分别居第 11 位和第 15 位，远低于北京、天津等省市在这两项指标中的排名。

表 5 - 7　　　2015 年每十万人口中各级学校平均在校生数　　单位：人

区域	省份	学前教育	小学	初中阶段	高中阶段	高等教育
华北	北京市	1831	3951	1317	1426	5218
	天津市	1665	3969	1724	1866	4185
	河北省	3138	8075	3198	2555	2141
	山西省	2694	6221	3089	3486	2504
	内蒙古自治区	2369	5244	2553	2779	2035
东北	辽宁省	2074	4554	2307	2334	2876
	吉林省	1685	4650	2164	2111	3169
华东	江苏省	3150	6277	2346	2407	2896
	浙江省	3452	6481	2686	2647	2414
中南	河南省	4169	9931	4290	3454	2293
	湖北省	2795	5774	2348	2294	3038
西南	四川省	3049	6655	3027	3162	2312
	贵州省	3719	9872	5643	4683	1819
西北	陕西省	3701	6175	2837	3320	3628
	甘肃省	2706	6956	3509	3517	2194
华南	广东省	3751	8102	3313	3589	2434
	广西壮族自治区	4352	9258	4129	3611	2178

注：高等教育包括普通高等学校教育和成人高等学校教育；高中阶段合计数据包括普通高中、成人高中、普通中专、职业高中、技工学校和成人中专；初中阶段包括普通初中和职业初中。

资料来源：国家统计局：《2016 年统计年鉴》。

从以上数据分析中可以清晰地看出，某一地区每十万人口在校生数指标在不同学历阶段呈现出规律性"此消彼长"的趋势，即学前教育、小学以及初中阶段在校生人数排名靠前的，其在高中与高等教育阶段的排名则较靠后；反之亦然。这一指标实际上反映的是人力资本存量的结构性问题。可以说，与全国大部分省份相比，河北省仍存在低层次人力资本较多、高层次人力资本存量较少等客观问题。

表 5 - 8 反映的是 17 个省市各级学校师生比的指标数据情况。从该表中可知，吉林省在 17 个省市中普通小学、中等职业中学的师生比指标最高，北京在 17 个省市中初中、普通高中、普通高校的师生比指标最高。与其他省市相比，河北省在各阶段的师生比例优势均不显著，基本上处于中等水平。

表 5 - 8 　　　　　　　　　　**2015 年各级学校师生比**

区域	省份	普通小学	初中	普通高中	中等职业学校	普通高校
华北	北京市	1:14	1:9	1:8	1:14	1:16
	天津市	1:15	1:10	1:10	1:15	1:17
	河北省	1:18	1:14	1:14	1:14	1:17
	山西省	1:13	1:10	1:13	1:14	1:19
	内蒙古自治区	1:13	1:11	1:14	1:15	1:18
东北	辽宁省	1:14	1:10	1:13	1:16	1:17
	吉林省	1:12	1:9	1:14	1:9	1:18
华东	江苏省	1:18	1:11	1:10	1:16	1:17
	浙江省	1:18	1:12	1:12	1:16	1:17
中南	河南省	1:19	1:14	1:17	1:20	1:18
	湖北省	1:17	1:10	1:13	1:18	1:18
西南	四川省	1:18	1:12	1:16	1:25	1:18
	贵州省	1:16	1:17	1:34	1:18	
西北	陕西省	1:15	1:10	1:14	1:20	1:18
	甘肃省	1:13	1:11	1:14	1:15	1:18
华南	广东省	1:19	1:13	1:14	1:26	1:19
	广西壮族自治区	1:20	1:16	1:17	1:36	1:18

资料来源：国家统计局：《2016 年统计年鉴》。

人力资本水平的高低与人力资本投资的多少密切相关。从表 5 -

6、表 5 – 7、表 5 – 8 中可知，河北省在遴选的 17 个省市中，存在教育人力资本存量不足且结构层次较低等问题，这与河北省当前用于教育人力资本方面的投资水平偏低直接相关。正如表 5 – 9 所示，在遴选的 17 个省份中，河北省的人均财政教育支出只有 1402 元，在所有省份中排名倒数第三位，甚至低于西部贵州省的 2190 元和广西壮族自治区的 1647 元，且只有北京人均教育支出的 1/3、天津的 2/5 左右。可见在教育人力资本投资方面，河北省与京津两地相比、与全国其他大部分省份相比，仍有很大的"短板"要补，仍有很长的路要走。

表 5 – 9　　　　　　　　2015 年财政教育支出情况

区域	省份	年末常住人口（万人）	教育支出（亿元）	人均教育支出（元）
华北	北京市	2171	856	3941
	天津市	1547	507	3280
	河北省	7425	1041	1402
	山西省	3664	603	1645
	内蒙古自治区	2511	537	2137
东北	辽宁省	4382	610	1393
	吉林省	2753	478	1735
华东	江苏省	7976	1746	2189
	浙江省	5539	1265	2284
中南	河南省	9480	1271	1341
	湖北省	5852	913	1560
西南	四川省	8204	1252	1526
	贵州省	3530	773	2190
西北	陕西省	3793	758	1999
	甘肃省	2600	498	1917
华南	广东省	10849	2041	1881
	广西壮族自治区	4796	790	1647

资料来源：国家统计局：《2016 年统计年鉴》。

第二节　河北省健康投资现状及相关比较

一　健康投资分析

在卫生经济学中，健康投资是指对恢复和发展人的健康有积极意义的资源消耗。健康投资的途径主要有：发展卫生事业，改变人类的遗传因子；提高居民生活消费水平；改变某些影响人类健康的生活方式；改造不利于人类健康生活的环境等。[①]

健康投资与教育投资相比更为复杂，涵盖内容更加广泛。健康涉及社会生活的方方面面，人类衣、食、住、行等的投资均构成健康投资的一部分，有些投资具有明显的纯消费性质。这里所指的健康投资主要是指用于卫生事业的医疗、保健等方面的投资，是一种狭义的健康投资，属宏观人力资本投资范畴。

宏观层面的健康投资分析是衡量一个区域卫生事业发展规模和水平的重要尺度，也是对一个区域人力资本状况进行测度的重要方面。

二　河北省健康投资存量分析

一个地区医疗卫生资源的状况，一定程度上是该地区宏观层面健康投资结果的体现。为全面、系统地把握河北省及其内部各地市、省直管县的医疗卫生资源现状，本书基于 2015 年河北省经济统计年鉴，分别筛选了卫生机构数、床位数及卫生机构人员数三项指标数据（见表 5 – 10）展开分析。

表 5 – 10　　　　　　2015 年河北省卫生事业基本情况

城市	卫生机构数（个）	床位数（张）	卫生机构人员数（人）
河北省	78600	342189	533271
石家庄市	6656	50422	86198

---

① 何鸿明、札乐勋主编：《卫生经济学原理与方法》，黑龙江教育出版社 1988 年版，第 81 页。

续表

城市	卫生机构数（个）	床位数（张）	卫生机构人员数（人）
辛集市	486	1999	4234
承德市	3732	18228	25211
张家口市	5739	21191	28471
秦皇岛市	3715	16959	25622
唐山市	9135	41062	64744
廊坊市	5971	19043	31982
保定市	10828	49044	77400
定州市	810	4866	6713
沧州市	9299	33938	53458
衡水市	6094	17556	29749
邢台市	8791	30635	46931
邯郸市	8640	44111	63505

资料来源：河北省统计局：《2016 年河北经济年鉴》。

　　从表 5－10 可以很直观地看出，截至 2015 年，河北省卫生机构数量共计 78600 个，床位 34 万多张，卫生机构人员约 53 万多人。其中，除辛集与定州两个省直管县外，保定、沧州和唐山在全省范围内卫生机构数最多，而张家口、承德与秦皇岛的卫生机构数最少；在床位数方面，石家庄、保定和邯郸市在全省范围内数量最多，承德、衡水与秦皇岛的数量最少；在卫生机构人员方面，石家庄、保定和唐山在全省范围内从业人数最多，张家口、秦皇岛与承德相关从业人数最少。从以上数据中可以看出，河北省的大部分医疗卫生资源比较集中在石家庄、保定、唐山和邯郸等地，而秦皇岛、张家口与承德等地因受经济发展程度、人口密度等因素影响，医疗卫生资源相对较为匮乏。

　　综上分析，河北省医疗卫生资源存在突出的区域性失衡问题，宏观层面的健康投资需要进一步在优化结构上着力。

三　河北省健康投资增量分析

　　对河北省健康方面人力资本存量以及投资情况的分析，同样需要动态纵向视角的指标数据。表 5 – 11 选取卫生机构数、卫生机构床位数、卫生技术人员数、每千人口医疗床位及每万人口执业（助理）医师数 5 个指标，集中反映 1996—2015 年河北省医疗卫生资源的发展动态。

表 5 – 11 显示：河北省卫生机构数从 1996 年的 5402 个增加到 2015 年的 78600 个，增长幅度达到 13.5 倍；卫生机构床位数从 1996 年的 16.19 万张增加到 2015 年的 34.22 万张，增幅 1.1 倍；卫生技术人员数从 1996 年的 18.82 万人增加到 2015 年的 37.26 万人，增长幅度近 1 倍；每千人口医疗床位从 1996 年的 2.5 张增加到了 2015 年的 4.61 张，增长幅度达到 84.4%；每万人执业（助理）医师数从 1996 年的 12.2 人增加到了 2015 年的 22.47 人，增长幅度达到 84.1%。总体上看，在 1996—2015 年的 20 年时间里，河北省的医疗卫生资源状况发生了翻天覆地的变化，从一个侧面反映出，河北省宏观层面的健康投资水平相对于过去有了较大幅度的提升。

表 5 – 11　　　　历年河北省医疗卫生事业情况

年份	卫生机构数（个）	卫生机构床位数（万张）	卫生技术人员数（万人）	每千人口医疗床位（张）	每万人口执业（助理）医师数（人）
1996	5402	16.19	18.82	2.50	12.2
1997	5392	16.62	19.47	2.56	12.6
1998	5386	16.56	19.90	2.53	13.0
1999	5338	16.62	20.30	2.51	13.6
2000	5306	16.89	20.75	2.54	13.7
2001	5281	17.27	20.98	2.57	14.0
2002	4671	17.17	20.05	2.55	12.4
2003	4520	15.88	20.28	2.35	12.3
2004	3414	15.84	20.21	2.33	12.3
2005	3284	16.23	20.29	2.38	12.3
2006	3394	17.30	21.08	2.52	12.7
2007	19431	19.54	24.29	2.82	15.6
2008	15050	21.40	24.57	3.07	15.6

续表

年份	卫生机构数（个）	卫生机构床位数（万张）	卫生技术人员数（万人）	每千人口医疗床位（张）	每万人口执业（助理）医师数（人）
2009	14738	23.30	25.80	3.31	17.2
2010	15122	24.93	28.03	3.47	18.4
2011	80318	26.69	28.95	3.69	18.6
2012	79688	28.47	31.51	3.75	19.6
2013	78486	30.36	33.31	4.19	20.0
2014	78906	32.29	25.17	4.37	21.4
2015	78600	34.22	37.26	4.61	22.47

注：1996 年、2007 年和 2011 年卫生机构统计口径进行了调整。

资料来源：河北省统计局历年经济年鉴。

四　与国内其他省市的相关比较

为准确分析河北省在宏观层面的健康投资状况，需要在对照国内其他省份的基础上进一步找差距、识方向、补"短板"。表 5 - 12 反映了 2015 年河北省与国内华北、东北、华东、中南、西南、西北、华南 7 个区域 17 个省份在每万人口卫生技术人员数、每万人口医疗床位数两个指标上的数据情况。

表 5 - 12　　　　　2015 年各省每万人口医疗卫生情况

区域	省份	每万人口卫生技术人员数（人）	每万人口医疗床位数（万张）
华北	北京市	104	11.16
	天津市	59	6.37
	河北省	50	34.21
	山西省	58	18.32
	内蒙古自治区	65	13.39
东北	辽宁省	60	26.7
	吉林省	58	14.45
华东	江苏省	61	41.36
	浙江省	73	27.25

续表

区域	省份	每万人口卫生技术人员数（人）	每万人口医疗床位数（万张）
中南	河南省	55	48.96
	湖北省	63	34.31
西南	四川省	58	48.88
	贵州省	53	19.64
西北	陕西省	70	21.19
	甘肃省	50	12.77
华南	广东省	57	43.57
	广西壮族自治区	57	21.45

资料来源：国家统计局；《2016 年统计年鉴》。

从表 5 - 12 中可知，在 2015 年每万人口卫生技术人员数的指标中，河北在 17 个省市中与甘肃省并列倒数第一位，处于末端水平；而在每万人口医疗床位数的指标中，河北省则在 17 个省市中位列第 6 位，处于中上游水平。数据的"一上一下"客观地反映了河北省医疗卫生物质资源与人力资源之间匹配上的失衡。

表 5 - 13 反映的是 2015 年 17 个省市人口数、卫生支出总额及人均卫生支出的情况。

表 5 - 13　　　　　　2015 年财政卫生支出情况

区域	省份	人口数（万人）	卫生支出总额（亿元）	人均卫生支出（元）
华北	北京市	2171	371	1707
	天津市	1547	195	1261
	河北省	7425	535	721
	山西省	3664	291	793
	内蒙古自治区	2511	257	1024
东北	辽宁省	4382	282	643
	吉林省	2753	246	893
华东	江苏省	7976	649	814
	浙江省	5539	486	877

续表

区域	省份	人口数（万人）	卫生支出总额（亿元）	人均卫生支出（元）
中南	河南省	9480	718	757
	湖北省	5852	515	880
西南	四川省	8204	686	837
	贵州省	3530	361	1022
西北	陕西省	3793	369	974
	甘肃省	2600	250	962
华南	广东省	10849	918	846
	广西壮族自治区	4796	414	863

资料来源：国家统计局：《2016 年统计年鉴》。

从表 5 - 13 中可以看出，虽然河北省在 17 个省市中卫生支出总额名列第 5 位，但在人均卫生支出上却仅高于东北的辽宁省，居倒数第 2 位。人均卫生支出低与宏观层面的健康投资总额不足直接相关，下一步，河北省在宏观层面上的健康投资不仅要注重结构的优化，同时还要在"做大蛋糕"、继续扩大投资的力度和广度上下功夫。

第三节　河北省科技投资现状及相关比较

一　科技投资分析

科学技术是第一生产力。在信息技术、科学技术迅猛发展的今天，人的科学素养与技能知识存量的高低，直接决定着全社会生产效率的高低。新时代背景下，加大对劳动者科学技术及技能知识的投资，将会显著提升劳动者的人力资本水平，特别是高层次人力资本的水平，进而将科技成果转化为生产力，有效带动区域内经济产业的转型升级与产业结构的变革调整。

二　河北省科技投资存量分析

本书分别选取专利申请受理量、专利申请授权量、R&D 人员全时当量、R&D 经费内部支出等指标，试图全面反映河北省当前科技投资的存量情况（见表 5 - 14）。

表 5 - 14   2015 年河北省主要科技指标

城市	专利申请受理量（件）	专利申请授权量（件）	R&D 人员全时当量（人年）	R&D 经费内部支出（万元）
河北省	44060	30130	79452	2858050.6
石家庄市	9186	5786	22506	669401.4
辛集市	175	115	376	4831.0
承德市	796	494	1505	67369.4
张家口市	1242	787	1597	63379.2
秦皇岛市	4371	3032	2677	111682.9
唐山市	4538	3209	14245	660527.0
廊坊市	3777	2962	4150	127253.3
保定市	5435	4271	18858	529928.0
定州市	154	133	260	15080.4
沧州市	4026	2239	4623	157513.6
衡水市	2363	1524	2207	93426.2
邢台市	3523	2521	2835	148089.8
邯郸市	4803	3305	4249	229479.8

资料来源：河北省统计局：《2016 年河北经济年鉴》。

从表 5 - 14 可知，2015 年河北省全省专利申请受理 44060 件，专利申请授权量 30130 件，R&D 人员全时当量 79452 人年，R&D 经费内部支出 2858050.6 万元。其中在专利申请受理量、授权量等指标上，除定州与辛集省直管县外，石家庄、保定与邯郸的数量最多，衡水、张家口与承德的数量最少，且数量最多的石家庄市分别是数量最少的承德市的 11.5 倍与 11.7 倍。在 R&D 人员全时当量指标上，石家庄、保定与唐山的数值最高，衡水、张家口与承德的数值最低，其中最高的石家庄市是最低的承德市的 15 倍左右。在 R&D 经费内部支出指标上，同样为石家庄、唐山与保定的数值最高，衡水、承德与张家口的数值最低，其中最高的石家庄市是最低的张家口市的 10.5 倍左右。

由以上数据分析可知，河北省在全省范围内的科学技术投资存量

结构并不均衡，最高（多）的地市与最低（少）的地市之间，数值
可相差十几倍左右。以石家庄为例，在上述 4 个指标中，仅石家庄一
个地市的数量就分别占到了全省总量的 20.8%、19.2%、28.3% 和
23.4%。可以认为，在科学技术投资方面，个别地市"一家独大"的
现象依然存在，全省各地市间并未呈现"百花齐放""百花争艳"的
良好发展态势。结构上的失衡一定程度上制约了河北省科技人力资本
的提升和作用的发挥。

三　河北省科技投资增量分析

在以上河北省科技投资存量分析的基础上，本书进一步对 2005—
2015 年 10 年间河北省科技投资增量的情况进行了分析。表 5 - 15 列
举了 2005—2015 年河北省在研究与试验发展（R&D）投入、科技产
出及成果等方面的指标数据情况。

表 5 - 15　　　　　　　　河北省科技活动情况

指标	2005 年	2010 年	2014 年	2015 年
研究与试验发展（R&D）投入情况				
R&D 人员全时当量（人年）	41990	62302	101434	107508
#基础研究	2281	3807	5232	5623
应用研究	8859	10577	12340	14432
试验发展	30850	47919	83863	87456
R&D 经费内部支出（万元）	593190.1	1554487.8	3142407.4	3521443.9
#基础研究	23025.1	52824.2	60687.1	68298.0
应用研究	149354.2	230884.4	285488.8	309184.0
试验发展	401311.1	1270778.2	2796231.6	3143961.9
#政府资金	—	273893.4	431500.7	541239.3
企业资金	—	1220159.6	2646500.2	2858630.8
R&D 经费内部支出占 GDP 比重（%）	0.59	0.76	1.07	1.18
科技产出及成果情况				
专利申请数（件）	1912	5112	12865	15159
#发明专利	716	1774	4888	5258
专利授权数（件）		877	1909	3456

续表

指标	2005 年	2010 年	2014 年	2015 年
科技产出及成果情况				
#发明专利	—	292	673	1133
发表科技论文（篇）	32164	40425	43005	44427
出版科技著作（种）	1041	917	1204	1384

资料来源：河北省统计局历年河北经济年鉴。

表 5 – 15 表明：总体上看，在 2005—2015 年十年时间里，河北省无论是在研发经费支出和投入，还是在科技成果产出方面均取得了巨大进展。具体来看，在研究与试验发展（R&D）投入指标上，2015年的 R&D 人员全时当量、R&D 经费内部支出分别是 2005 年的 2.56倍和 5.93 倍，R&D 经费内部支出占 GDP 的比重也由原来的 0.59% 上升到 1.18%，增幅比例高达 100%；在科技产出及成果指标上，2015年专利申请数、发表科技论文、出版科技著作数分别是 2005 年的7.92 倍、1.38 倍和 1.32 倍。数值的变化反映了宏观层面科技投资的变化，也从一个侧面体现了河北省在面对科技浪潮和创新驱动战略调整背景下对科技投入的重视。

四　与国内其他省市的相关比较

纵向历史数据只能说明科技投资相对过去所发生的变化，与上文对教育投资、健康投资的分析类似，本部分也将河北省科技存量与投资的现状同全国部分省市进行对比，以从中找到存在的问题和差距。

表 5 – 16、表 5 – 17 分别从规模以上工业企业 R&D 人员全时当量、规模以上工业企业新产品项目数、规模以上工业企业专利申请数、规模以上工业企业有效发明专利数，以及科技支出总额、人均科技支出 6 个指标维度，对河北及国内华北、东北、华东、中南、西南、西北、华南等区域的 17 个省份的相关数据进行了全面呈现。

表 5 - 16 　　　　　　　2015 年各省市科技活动情况

区域	省份	规模以上工业企业 R&D 人员全时当量（人年）	规模以上工业企业新产品项目数（项）	规模以上工业企业专利申请数（件）	规模以上工业企业有效发明专利数（件）
华北	北京市	50773	10580	20024	23749
	天津市	84291	9800	16721	17422
	河北省	79452	7489	10396	7740
	山西省	28927	1910	3569	4468
	内蒙古自治区	29190	1228	2585	2175
东北	辽宁省	49097	5494	9190	10372
	吉林省	23202	2548	1972	2649
华东	江苏省	441304	57204	119927	85485
	浙江省	316672	55123	80512	31642
中南	河南省	131051	9780	16518	11305
	湖北省	86813	8934	17315	16965
西南	四川省	56841	6971	21912	17601
	贵州省	14916	1623	3782	4096
西北	陕西省	45052	6684	7521	7506
	甘肃省	12578	4434	2230	1884
华南	广东省	411059	43456	106038	177047
	广西壮族自治区	19000	2781	4613	3731

　　注：从 2011 年起，规模以上工业企业的统计范围从年主营业务收入为 500 万元及以上的法人工业企业调整为年主营业务收入为 2000 万元及以上的法人工业企业；有效发明专利数曾用名为拥有发明专利数。

　　资料来源：国家统计局：《2016 年统计年鉴》。

表 5 - 17 　　　　　　　2015 年财政科技支出情况

区域	省份	人口数（万人）	科技支出总额（亿元）	人均科技支出（元）
华北	北京市	2171	288	1326
	天津市	1547	121	781
	河北省	7425	46	61
	山西省	3664	37	102
	内蒙古自治区	2511	36	142

区域	省份	人口数（万人）	科技支出总额（亿元）	人均科技支出（元）
东北	辽宁省	4382	69	157
	吉林省	2753	41	150
华东	江苏省	7976	372	466
	浙江省	5539	251	453
中南	河南省	9480	83	88
	湖北省	5852	157	269
西南	四川省	8204	97	118
	贵州省	3530	59	166
西北	陕西省	3793	57	151
	甘肃省	2600	30	115
华南	广东省	10849	570	525
	广西壮族自治区	4796	50	103

资料来源：该表中数据来源于《2016 年中国统计年鉴》。

通过计算和排列可知，在表 5－16 所反映的规模以上工业企业 R&D 人员全时当量、规模以上工业企业新产品项目数、规模以上工业企业专利申请数、规模以上工业企业有效发明专利数 4 个指标中，河北省在遴选的 17 个省份中分别居第 7 位、第 8 位、第 9 位及第 10 位，整体上位于中上游水平。但如果从表 5－17 所反映的科技支出总额和人均科技支出 2 项指标上看，河北省在 17 个省份中却分别列第 13 位和倒数第 1 位，与排位最高的北京相比，河北的科技支出总额、人均科技支出仅占北京的 16% 与 4%，两者间的差距十分巨大。

总体来看，虽然河北省在 17 个省份中各项科技成果处于中游水平，但在科技支出总额与人均方面，却与其他先进省份之间存在不小的差距。这一方面说明了河北省利用较少的投入获得了较高的产出，另一方面也说明了河北省在科学技术领域的人力资本投资仍有较大的提升空间，仍需要通过进一步加大投入，来有效弥补与京津及国内先进地区间的差距。

第四节　对策与建议

作为人力资本积累的最主要路径，河北省各级政府在加大人力资本投资、提升全省人力资本存量方面的地位作用和应承担的责任不可替代。本章从人力资本中的教育投资、健康投资以及科技投资三个方面入手，围绕存量分析、增量分析及对比分析等内容，对河北省人力资本宏观投资进行了全面立体式系统性研究，得出了许多有价值的结论。

从纵向看，与十几年前相比，当前河北省在教育、健康及科技方面的人力资本投资水平已经达到了新的历史高度；从横向看，与国内先进省份的投资水平相比，当前河北无论是在总量和人均上还是在增幅和结构上，仍存在较大的发展差距。因此，下一阶段河北省应在加大人力资本宏观投资、提升人力资本存量水平、改善人力资本质量结构上下大力气、用足资源、做好文章。具体建议对策如下：

一是将人力资本投资放在更加突出的位置。河北省各级政府要牢牢树立"人力资源是第一资源"的发展观念，高度认同人力资本在促进本地经济社会发展、推动产业结构调整与升级转型中的重要作用，要将对人力资本的"支出成本"意识转变为"投资收益"意识，要将"要我投"的被动思想转变为"我要投"的主动思想，始终把对"人"的投资放在最为突出的重要位置，不断提高人力资本宏观投资的主动性。

二是实现人力资本投资的"提量"与"提质"并举发展。在与国内其他先进省份对比过程中发现，在某些指标上河北省的人力资本总量虽然占据优势，但具体到人均与结构指标上，河北省的优势就变成了劣势。加大河北省人力资本宏观投资，不能只在"提量"上盲目发力，还要在"提质"上下足功夫。如在教育人力资本投资中，各级政府一方面要保障和巩固中小学教育投资，另一方面还要继续加大对职业教育与高等教育的投资力度，促进优质资源向高等教育倾斜，以不断提升河北省中高级人力资本的水平，实现人力资本结构的均衡发展。

三是促进区域内人力资本资源的均衡发展。通过前文研究发现，教育、健康与科学技术等人力资本资源在河北省内 13 个地市与省直管县中的分布极不均衡。在个别指标中，人力资本较为富集的石家庄、保定、唐山等地区数值竟是较为匮乏的张家口、承德、衡水等地区数值的 10 倍以上，人力资本资源发展不均衡、不协调等问题突出，"两极化"趋势明显。下一步河北省应在谋划全省"一盘棋"的基础上，注重区域间的均衡发展与协调发展，推动各类优质资源向落后地区倾斜，不断弥补落后地区在教育、健康与科学技术等领域的资源"短板"，促进人力资本资源的合理配置与均衡发展，将"一家独大""一枝独秀"变为"百花争艳""百花齐放"。

四是提升人力资本宏观投资效能。加大人力资本宏观投资，既要追求规模，又要追求质量；既要提升水平，也要提升效能，不仅要把每一分钱投出去，还要确保每一分钱的投资收益与效果。要提高河北省的人力资本宏观投资效能，不仅需要做好事前、事中、事后的过程把控，还需要做好"建章立制"的体制机制保障。只有把人力资本所有投资行为全部纳入到监管中，才能确保每一分投入用在实处、用在点上，保障每一项人力资本宏观投资投得出去，效益收得回来。关于人力资本投资的体制机制问题，本书将在第八章进行详细探讨。

总之，加大人力资本宏观投资，需要在加大教育、健康与科技等方面同时发力，需要在提量、提质上同时发力，需要在突出重点与均衡发展上同时发力，更需要在加大投资、增加收益上同时发力。只有这样，才能最大限度地发挥各级政府在人力资本宏观投资中的主体地位和作用，推动全省人力资本水平再上新台阶。

第六章 河北省人力资本积累路径二：人力资本微观投资

人力资本投资的主体除了作为宏观投资主体的政府之外，还有企业这一中观主体和个人层面的微观主体。在三种不同的投资主体中，政府投资的数额最大，在投资中占据主导地位。企业的人力资本投资最具方向性，主要根据企业自身发展需要对企业职工进行知识技术类培训投资。随着科学技术的迅猛发展以及市场竞争的日趋激烈，企业间的产品、服务竞争归根结底演变为了企业间人与人的竞争。企业作为人力资本投资的主体之一，也越来越重视对内部员工的知识、技能投资，以不断提高其自身的核心竞争力。个人投资包括家庭父母对子女的投资以及个人自身的投资等，其中家庭对子女的投资是个人投资中最主要的方面。个人投资往往是为了子女或自身的发展前途而进行的一系列教育、健康、迁移等方面的投资。

关于政府对人力资本的投资，本书第五章已做了详细分析；关于企业对内部员工的中观投资，鉴于其特殊的指向性，暂不纳入本书视野；本章只就人力资本的微观投资，尤其是家庭对所有成员的教育、健康以及迁移投资展开分析。

第一节 微观人力资本投资的收益率分析

影响人力资本微观投资的因素有很多，如家庭收入水平、父母的受教育程度、投资对象的年龄和智力，甚至性别、家庭子女数以及外部环境等。从经济学意义上讲，这些因素只是对家庭人力资本投资产生影响，并不能起决定性作用。人们进行任何一项投资都以获得收益为目的。当投资后的产出大于投入时，这种投资就是有利的、可行的；当投资后的产出小于投入时，则是不利的、不可行的。人力资本投资既然是一种投资，就必然要求获得收益。因此，家庭人力资本投资也是通过投资的成本与收益间的相互比较来决定的。

与物质资本投资不同，人力资本投资不仅影响未来的货币收入，而且对未来心理收益也有重要影响。人力资本投资的成本收益包括精神和心理两个层面。与其他任何一种投资一样，人力资本投资的成本产生于当前而收益于未来。投资者所要比较的是现时所需支付的成本和未来获得的收益，从而做出决定。对于人力资本投资而言，由于它包含着精神或心理的非货币因素，而这些因素很难估算，因此，这种比较是很困难的。即便抛开精神和心理的因素，仅就货币因素而言，投资和消费的区分也是困难的。比如教育的支出对于多数人来说是一种投资，但也有一部分人认为接受教育是一种享受。健康也是如此，对健康的投资并不一定是为了获得借以取得更多报酬的能力，而可能只是为了有较好的健康本身。因此，在探讨人力资本投资成本和收益时，简单的做法就是只分析那些可以用货币计量的成本和收益，而不考虑精神方面的成本和收益。且将用于人力资本方面的支出看作是投资，而非消费。需要说明的是：忽略这些因素不是因为它们不重要，而是因为无法定量。应当承认，许多家庭和个人追求更多的教育机会和更高的教育水平，在很大程度上是为了获得精神上的满足，而不是为了提高收入水平。但我们也不应否认大多数人是为了有更好的收入和更丰富的生活。[①]

一 家庭教育投资的成本和收益

教育投资是人力资本投资中最重要的一种投资，教育投资对个人人力资本的积累起着非常重要的作用。

（一）教育投资的成本

教育投资的成本由两部分组成，一部分是家庭为受教育者付出的

---

① 闫淑敏、段兴民：《中国城镇家庭人力资本投资动态与收益分析》，《预测》2002 年第 3 期，第 4—8 页。

各种费用和劳务。包括学生家庭或本人所支付的学费、书籍费、文具费、住宿费、交通费、杂费以及生活费的差额等，是家庭直接支付的费用总和，可称为直接成本。另一部分是受教育者因为受教育而放弃的收入。对于达到一定年龄的学生来说，会面临上学还是就业的选择。如果选择上学就意味着放弃选择就业时可能获得的收入，这一部分被放弃的收入也构成教育投资成本的一部分。同样，在职期间因参加培训而减少的收入也是教育投资的一部分，这些成本可称之为间接成本或机会成本。通常受教育时间越长所放弃的收入就越多，机会成本就越高。对于一个小学生来说，由于就业机会极少，机会成本可以忽略不计。但对于一个高中生来说则就业机会较多，机会成本就不能忽略。舒尔茨在计算教育的机会成本时就假定 14 岁以下的学生没有因上学而放弃的收入，不计算其机会成本。当然，不同国家、不同地区可能情况有所不同，城镇和农村也有差别。在城镇，初中毕业生就业的机会很小；而在农村，初中毕业生则已经能参加农业劳动并获取收入。因此，在计算初中学生的机会成本时，城镇家庭可以不计，而农村家庭则不可忽略。费希洛（A. Fishlow）就曾考虑到学生在农业中就业的可能性以及农场劳动的特点等，而认为，学生到 10 岁就有因上学而放弃的收入。中国农村家庭子女平均受教育年限少于城镇家庭子女的现象，与农村家庭教育投资较早且内含机会成本有关。另外，不同时期由于受就业水平、经济发展等的影响，机会成本也不相同。还有，对于教育的另外一种形式——在职培训而言，由于个人所在单位效益的不同、所在岗位的不同、工资水平的不同，其机会成本也有很大的差别。但相对于正规教育而言，在职培训的机会成本要比较容易计算一些。我国长期以来，无论是宏观教育投资还是微观教育投资，对教育投资的机会成本都没有引起重视，也没有将这一部分费用纳入教育成本之中，而有些国家是将这部分费用列入教育成本的。据统计表明，美国 1900 年学生放弃的收入占中等和高等教育成本的 1/4，到 1956 年已经超过总成本的 2/5。[①] 有资料显示，我国家庭和

---

① 舒尔茨：《论人力资本投资》，北京经济出版社 1990 年版，第 12 页。

个人对教育的投资、学生学习期间（高中、职业中学和大学）放弃的收入、职工由于参加培训而减少的收入超过了国民经济的增长幅度，且机会成本在教育总成本中所占的比重呈不断上升的趋势。

家庭教育的直接成本比较容易计量，其计算公式为：

$$S = R + D + H + B$$

式中，S 为家庭或个人直接成本，R 为学杂费，D 为生活费，H 为交通费，B 为书籍文具费。

家庭教育的间接成本有几种不同的计算方法：

1. 我国学者提出的计算公式[①]

$$S = \sum \left[\sum (P_j \times a \times A_j) \right] \times n$$

式中，n 为求学年限，P 为可能在某部门就业的概率，a 为一年放弃收入的时间百分比，A 为同一个就业部门水平相当的职工年平均收入，j 为选择职业的项数序。

例如，一名从高中升入大学的学生，估计其从事小学教师职业的概率为 0.9，从事工业劳动的概率为 0.1。若他一年可能放弃收入的时间为 100%，小学教师年收入为 600 元，工人年收入为 520 元，假定四年情况相同，则他在大学四年所放弃的收入为：

$$S = (0.9 \times 1 \times 600 + 0.1 \times 1 \times 520) \times 4 = 2368 \text{（元）}$$

2. 国外学者提出的计算公式

（1）舒尔茨的计算方法

假定 14 岁以下的学生没有因为上学而放弃收入的问题，假定 14 岁以上的学生全部进入工业部门，假定 14 岁以上的学生进入劳动市场后由于劳动力过多而引起工业部门的工资水平下降问题可以忽略不计，那么这些学生的机会成本计算步骤为：

第一步：以某一年为基期，将一个学生就业时可能得到的年收入与工业部门中一个职工的平均周工资相比较。据舒尔茨计算，一个中学生平均一年的收入相当于工业部门中一个职工的 11 周平均收入，一个大学生平均一年的收入相当于工业部门中一个职工 25 周的平均收入。

---

① 韩宗礼：《教育经济学》，陕西人民出版社 1988 年版，第 206 页。

第二步：将职工的年平均周工资除以 11，即等于该年的中学生平均每人放弃的收入，乘以 25 则等于该年的大学生平均每人放弃的收入。

第三步：该年学生放弃的收入总额就等于该年中学生和大学生总人数乘以中学生、大学生平均每人放弃的收入。

舒尔茨的这种计算方法是假设学生全部进入工业部门，而现实的情况并非如此，尤其是对于农业人口占大多数的国家而言。另外，假设 14 岁以上的学生才有因上学而放弃的收入也不符合实际。如果学生进入农业部门，则由于农业生产的特点使学生可能就业的年龄会小于 14 岁。

（2）费希洛的计算方法

费希洛认为学生既可能到工业部门工作也可能到农业部门工作，这样学生拥有机会成本的年龄不应定在 14 岁，而应该是 10 岁。他的具体计算步骤是：

第一步：从学生总人数中划分出 10 岁和 12 岁以上的学生人数，并分别确定其中可能在农业和非农业部门就业的学生人数。

第二步：分别计算可能在非农业部门和农业部门就业而放弃的收入。

可能在非农业部门就业放弃的收入 = 可能在非农业部门就业的学生人数 × 一年内放弃收入的时间百分比 × 非农业部门就业者的年平均收入

可能在农业部门就业放弃的收入 = 可能在农业部门就业的学生数 × 一年内放弃收入的时间百分比 × 农业部门就业者的年平均收入

第三步：求出该年度所有学生放弃的总收入，即机会成本。

总机会成本 = 可能在非农业部门就业放弃的收入 + 可能在农业部门就业放弃的收入

本书认为，费希洛的计算方法比舒尔茨的计算方法分得更细一些，但也只划分为农业和工业部门两种，而事实上不同产业、不同部门之间的收入差别是很大的。现代产业划分已与过去有很大的不同，从事第三产业的职工占有很大比重，因此仅划分为两个部门所计算出来的机会成本也会有很大的偏差。不过，费希洛将进入工业部门与进入农业部门就业的学生年龄进行区别是有必要的，但是以 10 岁或者

12 岁为界限又与合法的劳动力年龄相抵触。而我国学者所提出的计算方法针对的是每一个学生，不同的学生个体估计从事的职业概率是不同的，因此所计算出来的机会成本只能代表这个学生本人，而不具备普遍性。

从以上对教育成本的分析可知，计算个人教育投资成本有很大的难度，原因就在于个人机会成本较难准确计算。本书认为，个人机会成本难以准确计算并非是由于计算方法上的问题。因为我们既可以将学生放弃收入的年龄制定得更科学，也可以将从业的部门划分得更详细，并用精确的数学公式表达出来。真正的难点是在资料的可获得性上，因为计算的准确与否以及是否具有代表性主要是看获取的资料是否具有代表性。

我国在计划经济时期，不同地区、不同行业有统一规定的工资标准，且人们的绝大部分收入来自工资。但在目前的市场经济条件下，由于不同地区、不同行业、不同单位效益的不同，即使从事同一种工作的职工其收入也有很大差别，且收入来源多样化。要想较为准确地计算机会成本必须做大量的调查工作，而这正是计算个人教育投资成本的难点。

（二）教育投资的收益

如前所述，这里探讨的是教育投资的货币收益也就是经济收益，不包括精神心理方面的非货币收益。家庭或个人教育投资的收益通常包括以下两个方面：

第一，通过教育投资使个人未来收入提高，从而获得收益。已有大量研究资料表明，一个人受教育越多，未来其所获得的收入也就越高。虽然我国 20 世纪 80 年代曾出现过所谓的"脑体倒挂"现象，但进入 21 世纪后已经明显改观。随着知识经济的发展，拥有更多知识、技能的人毫无疑问会获得更高的收入。现在更多的家庭已经认识到这一点，20 世纪 90 年代以后家庭（个人）人力资本投资快速增长就是一个很好的佐证。

第二，通过教育投资使个人获得更多立足于社会的资本，从而拥有更多的择业机会以取得较多的收入。拥有更多知识和技能的人，就会有更多的机会更换职业以取得较多的收入，或者能有较大的工作适应能力以适应技术和产业结构的变化，减少失业机会，保证收入。在以上两方面的收益中，第二方面的收益虽然与人力资本投资密切相关，但它只是一种间接的收益。如果将择业机会和晋升机会提高带来的收入完全归功于教育投资的结果，显然会夸大教育投资的经济收益，并且由此而增加的收入很难明确定量。因此，在计算教育投资的收益时，指的是第一方面的收益，即通过教育投资而提高的未来收入。

由于教育投资所支付的成本是从投资决策做出时就开始的，而由此带来的收益却产生于未来。因此，在计算收益率时要考虑到这个"时间差"问题。常用的方法是计算内部收益率，即未来收益现值恰好等于成本时的贴现率。具体公式为：

$$\sum = Bt_1/(1+r)^{t1} = \sum Ct_2/(1+r)^{t2}$$

式中，B 为收益，C 为成本，t_1 为投资期间的时间，t_2 为收益期间的时间，r 为内部收益率。等式左边为收益现值，等式右边为成本现值。

根据公式可以求出内部收益率 r 的值，当 r 大于其他投资的收益率时，则投资有利；反之则不利。利用这一公式可以比较接受不同级别教育的收益率情况，如接受高等教育与中等教育的收益率，接受中等教育与初等教育的收益率等。收益率越高则投资越有利。当然，在现实生活中，家庭或个人在决定是否接受某一级别的教育并为此投资时，一般不会用公式计算其收益率的高低。但是，公式中反映的经济运行趋势对人们的选择还是起到重要的引导作用。

如果社会分配机制促使接受过高等教育的人比没有接受过高等教育的人获得的收入更高，那么选择接受高等教育的人就会增加。反之，如果大学生与中学生的收入差别很小甚至出现反差，则选择接受更高一级教育的人就会减少。另外，由于未来工作的时间越长则收益越大，所以在决定对家庭成员或个人进行投资时，往往倾向于年龄较轻的人，年龄越大则进行教育投资的可能性就越小。再者，由于教育投资需要牺牲当前的消费，对于有些家庭或个人而言，可能更注重近期的投资回报或眼前利益。也就是说，这些投资者的内在贴现率水平非常高，未来收益对于他们来说表现出的当前价值就非常低，那么他们选择教育投资的可能性就小。而注重未来的人由于内在贴现率水平较低，未来收益对于他们的现值较高，则这些人选择教育投资的可能性就大。

二 家庭健康投资的成本与收益

（一）健康投资成本

个人健康存量可以分为两部分：一部分是与生俱来的，其健康存量与遗传有关；另一部分是后天获得的，主要通过营养、医疗卫生、自我保健等的投资获得。个人健康存量大小与获得和维护健康的成本多少密切相关。广义的健康成本包含一切与人的身体健康息息相关的投入，如医疗保健、餐饮住宿、健身运动、安全保卫等多方面的投入支出。在计算家庭或个人健康投资成本时，通常是指医疗卫生和自我保健投入上的成本，也可以称为狭义的健康投资成本。健康投资成本相对教育投资成本而言要容易计量一些，因为健康投资成本是直接成本，并没有间接的机会成本。

（二）健康投资收益

健康投资是人力资本中较为重要的一种投资方式。在一定程度上，人力资本是凝聚在人身上的知识与技能的综合。因此，作为人力资本的唯一载体，人的健康状况也是人力资本投资的重要组成部分。这是因为人在受到疾病困扰的情况下，会部分甚至完全丧失劳动能力，人力资本所发挥的价值与收益也就无从谈起。同样，人为了减少痛苦与不便，或通过各类不同治疗手段进行康复性治疗，花费一定的货币、时间与精力成本也就在所难免。加大人力资本的健康投资，是为了减少由于非健康造成的各方面损失，这在一定程度上属于健康投资的直接收益。

目前，对于健康投资的总收益与总支出还没有一个被广泛认可的计算方式。原因在于人由健康问题造成的工作时间减少、工作效率降低难以具体衡量估算。同样，人在健康上所进行的投资，如定期体检、理疗保健等所带来的健康收益也无法准确预估。因此，目前仍然不能定量化地测算出增加多少的健康投资，可减少多少的疾病发生，乃至减少因疾病造成的直接或间接的货币、时间与精力损失等。

尽管如此，健康与收入的正相关关系已经被证实。有调查显示，有成年人口患病者的家庭收入水平要比没有成年人口患病者的家庭收入低30%—40%。家庭成员长期患病可造成家庭劳动力不足和家庭对农业生产的投资减少，从而影响家庭的收入水平，进而导致农户间收入差距扩大。另外，健康投资因延长了人们的寿命，增加了向教育、迁移等进行投资的经济刺激，也会增加人们的收入。①

三 家庭迁移的成本与收益

人口迁移是一种普遍存在的现象，随着人口的迁移，人力资本也在国家与地区之间流动。家庭人力资本迁移一般有两种类型：一种是由于战争、政策、民族、宗教等原因进行的迁移；另一种是迁移者从自身经济利益出发，为了选择更适宜的生活地点、谋生方式以及更高的生活水准而发生的迁移。前一种类型的迁移属于被动型迁移，而后一种则是主动型迁移。本书涉及的家庭迁移投资仅指为了自身经济利益而进行的迁移。

（一）家庭迁移投资的成本

家庭迁移投资的成本是指在迁移过程中所花费的费用总和，包括交通费、安置费、联系信息费、货运费等直接成本和寻找工作期间、迁移期间的机会成本。由于人们的特质以及经济条件的差异等原因，迁移成本的变动范围很大。一般来说，个人迁移的成本要少于全家迁移的成本，迁移的距离越长则成本就越高。由于人们迁移机会成本的不同则迁移总成本的花费也会不同，迁移机会成本较高者所花费的总成本也就较高。另外，年轻人迁移所花费的成本比年纪大的人要少，这也是年轻人流动性较大的原因之一。

迁移除以上提到的货币成本外，还需支付精神成本。由于各地区风俗习惯不同、人文环境不同等原因，在迁移时往往会在精神上造成

———————
① 陆杰华：《贫困地区人力资源开发与消除贫困研究》，《人口研究》1998年第1期，第57页。

很大的压力，造成心理、情感、家庭等方面的损失。家庭迁移的货币成本一般来说是比较低的（当然，国际迁移所付出的货币成本比国内迁移要大得多），但非货币成本却较高并且与迁移者的年龄成正比。这种非货币成本虽然无法定量计算，但在决定是否进行迁移时却起到非常重要的作用。

（二）家庭迁移投资的收益

家庭迁移投资的目的与所花费的成本相对应，既有提高实际收入、改善生活条件的经济目的，也有寻找更好的生活环境等非经济目的。在这两种迁移目的当中，以提高经济收入为主要目的者居多。

迁移投资的决定与教育投资决定相同，都是通过成本与收益比较以后作出的决定。当然，无论是成本还是收益都既包括货币方面的成本与收益，也包括非货币方面的成本与收益。对于非货币方面的收益不易计量，但对于货币方面的收益却可以用数学公式进行计算，其表达式为：

$$MB = \sum (BN_t - BO_t)/(1 + r)^t - C$$

式中，MB 为迁移带来的净收益现值，BN_t 为第 t 年新工作产生的收益，BO_t 为第 t 年原工作产生的收益，n 为预计从事新工作的时间长度，r 为贴现率（或利率），C 为迁移成本。

由于通常情况下国内地区间迁移的成本比较低，因而迁移净收益率值的大小主要取决于新工作和原工作的收益差额，原工作收益越低，人们从流动中获得的相对收益就越大。当这种差额大到一定程度时，迁移的货币收益就成为决定迁移的主要因素；反之，如果这种差额较小，则决定迁移的主要是货币因素。

第二节　河北省微观人力资本投资动态分析

围绕河北省微观人力资本层面的教育、健康与迁移投资，本书以城镇、农村居民为微观研究对象，以中国统计年鉴、河北经济年鉴等为数据支撑，分别选取了文教娱乐服务消费支出、医疗保健消费支出、交通通信消费支出三个指标来侧面反映河北省教育、健康与迁移等微观人力资本动态投资的情况。

一　国家层面微观人力资本投资情况

在分析河北省微观人力资本投资前，本书先从全国层面对城镇、农村的家庭人均人力资本投资情况进行分析。根据中国统计年鉴的数据口径，本部分提取了1996—2015年我国城镇与农村家庭人均人力资本投资相关数据。其中由于统计口径上的差异，1996—2012年的城镇居民人均消费支出数据实际为城镇居民人均的现金消费支出；而2013—2015年的城镇居民家庭人均消费支出是现金支出与非现金支出的集合体。与城镇居民的相关数据不同，我国农村居民家庭人均消费支出在1996—2015年时段内的统计口径是一致的，均是包含现金与非现金支出两部分的集合体。

（一）全国城镇居民微观人力资本投资分析

表6-1反映了1996—2015年我国城镇居民家庭人均消费支出的情况。

表6-1　　　我国城镇居民家庭人均消费支出情况

年份	城镇居民家庭人均消费支出（元）	城镇居民家庭人均文教娱乐服务消费支出		城镇居民家庭人均医疗保健消费支出		城镇居民家庭人均交通和通信消费支出	
		金额（元）	占比（%）	金额（元）	占比（%）	金额（元）	占比（%）
1996	3920	375	9.57	143	3.66	199	5.08
1997	4186	448	10.71	180	4.29	233	5.56
1998	4332	499	11.53	205	4.74	257	5.94
1999	4616	567	12.29	246	5.32	311	6.73
2000	4998	670	13.40	318	6.36	427	8.54
2001	5309	690	13.00	343	6.47	457	8.61
2002	6030	902	14.96	430	7.13	626	10.38
2003	6511	934	14.35	476	7.31	721	11.08
2004	7182	1033	14.38	528	7.35	844	11.75
2005	7943	1098	13.82	601	7.57	997	12.55
2006	8697	1203	13.83	621	7.13	1147	13.19
2007	9998	1329	13.30	699	6.99	1357	13.58

续表

年份	城镇居民家庭人均消费支出（元）	城镇居民家庭人均文教娱乐服务消费支出		城镇居民家庭人均医疗保健消费支出		城镇居民家庭人均交通和通信消费支出	
		金额（元）	占比（%）	金额（元）	占比（%）	金额（元）	占比（%）
2008	11243	1358	12.08	786	6.99	1417	12.60
2009	12265	1473	12.01	856	6.98	1683	13.72
2010	13472	1628	12.08	872	6.47	1984	14.73
2011	15161	1852	12.21	969	6.39	2150	14.18
2012	16674	2034	12.20	1064	6.38	2456	14.73
2013	18488	1988	10.75	1136	6.15	2318	12.54
2014	19968	2142	10.73	1306	6.54	2637	13.21
2015	21392	2383	11.14	1443	6.75	2895	13.53

资料来源：国家统计局：《2016 年统计年鉴》。

表 6-1 显示，全国城镇居民人均消费支出 1996 年为 3920 元，2015 年为 21392 元，经过 20 年的快速发展，2015 年是 1996 年的 5.4 倍，年均增长率达到了 22.2%。其中，2015 年文教娱乐服务消费支出 2383 元，是 1996 年 375 元的 6.3 倍，年均增长率达到 26.7%；2015 年人均医疗保健消费支出 1443 元，是 1996 年 143 元的 10.1 倍，年均增长率达到 45.5%；2015 年人均交通和通信消费支出 2895 元，是 1996 年 199 元的 14.5 倍，年均增长率达到 67.7%。

从总量上看，2015 年全国城镇家庭的教育、医疗与迁移投资量均比 20 年前的 1996 年有了巨大增长，这与改革开放 30 多年来我国经济社会取得的巨大发展成就、人民生活水平连年提高密切相关。就具体指标而言，在 20 年的时间里，我国城镇居民用于迁移的人力资本投资年增长率最高，这与期间国内发生的较大几次人口流动与迁移有关。在所有指标中，城镇居民用于教育文化的人力资本投资虽然年增长率低于健康投资与迁移投资两项指标，但也保持了快于消费支出总量的年增长速度，从一个侧面反映出城镇居民对于教育文化人力资本投资的意识不断增强、积极性不断提高。

　　从比例上看，1996 年城镇居民用于教育文化方面的人力资本投资
额占消费总支出的 9.57%，到了 2015 年，这一比例提升至 11.14%，
占比提高了 1.57 个百分点。在医疗方面，1996 年城镇居民用于医疗
保健方面的人力资本投资额占消费总支出的 3.66%，到了 2015 年，
这一比例提升至 6.75%，占比提高了 3.09 个百分点。在迁移方面，
1996 年城镇居民用于交通通信方面的人力资本投资额占消费总支出的
5.08%，到了 2015 年，这一比例提升至 13.53%，占比提升了 8.45
个百分点。这一比例数值与上述总量分析结论基本吻合，即我国城镇
家庭的教育、医疗与迁移投资在过去的 20 年时间里保持了较为快速
的增长。

　　（二）全国农村居民微观人力资本投资分析

　　表 6 - 2 反映的是 1996—2015 年我国农村居民家庭人均消费支出
的情况。

表 6 - 2　　　　　　　　我国农村居民家庭人均消费支出情况

年份	农村居民家庭平均每人消费支出(元)	农村居民家庭平均每人文教娱乐消费支出		农村居民家庭平均每人医疗保健消费支出		农村居民家庭平均每人交通通信消费支出	
		金额(元)	占比(%)	金额(元)	占比(%)	金额(元)	占比(%)
1996	1572	133	8.43	58	3.71	47	3.00
1997	1617	148	9.16	63	3.86	54	3.33
1998	1590	159	10.02	68	4.28	61	3.82
1999	1577	168	10.67	70	4.44	69	4.36
2000	1670	187	11.18	88	5.25	93	5.57
2001	1741	193	11.06	97	5.55	110	6.32
2002	1834	210	11.46	104	5.66	129	7.01
2003	1943	236	12.13	116	5.96	163	8.36
2004	2185	248	11.33	131	5.98	193	8.82
2005	2555	296	11.56	168	6.58	245	9.59
2006	2829	305	10.78	192	6.77	289	10.21
2007	3224	306	9.48	210	6.52	328	10.19

续表

年份	农村居民家庭平均每人消费支出（元）	农村居民家庭平均每人文教娱乐消费支出		农村居民家庭平均每人医疗保健消费支出		农村居民家庭平均每人交通通信消费支出	
		金额（元）	占比（%）	金额（元）	占比（%）	金额（元）	占比（%）
2008	3661	315	8.59	246	6.72	360	9.84
2009	3994	341	8.53	288	7.20	403	10.09
2010	4382	367	8.37	326	7.44	461	10.52
2011	5221	396	7.59	437	8.37	547	10.48
2012	5908	446	7.54	514	8.70	653	11.05
2013	7485	755	10.08	668	8.93	875	11.69
2014	8383	860	10.25	754	8.99	1013	12.08
2015	9223	969	10.51	846	9.17	1163	12.61

资料来源：国家统计局：《2016年统计年鉴》。

表6-2显示，全国农村居民人均消费支出1996年为1572元，2015年为9223元，经过20年的快速发展，2015年是1996年的5.86倍，年均增长率达到了24.3%，略快于城镇居民的人均消费支出增长水平。其中，2015年文教娱乐服务消费支出969元，是1996年133元的7.2倍，年均增长率达到31.4%；2015年人均医疗保健消费支出846元，是1996年58元的14.6倍，年均增长率达到67.9%；2015年人均交通和通信消费支出1163元，是1996年47元的24.7倍，年均增长率达到118.7%。

与城镇居民类似，单从总量上看，2015年全国农村家庭的教育、医疗与迁移投资量均比20年前的1996年有了巨大增长。其中，以交通通信消费支出的增长幅度最为明显，分析个中原因，一方面与近20年内我国农民大规模由农村迁移到城市，由西部迁移到东部有关；另一方面也与国内网络通信服务的迅猛发展有关。虽然在官方统计数据中不能严格区分交通与通信费用的边界，但考虑到通信成本的高低与人口迁移的活跃程度直接相关、密切相连，所以在一定程度上可以认为交通和通信的消费支出综合反映了居民用于迁移的人力资本投资情况。

值得注意的是，在1996—2015年，虽然我国农村的年均教育人力资本投资增长率要快于城镇，但对比同期的医疗与迁移投资，农村居民的教育人力资本投资无论在增速上，还是在总量上均不够显著。这也许与农村教育投资的文化、环境与政策有关。一方面，在我国广大农村地区，受机会成本与家庭传统观念的影响，很多家庭的子女在读完初中后就选择了外出打工，没有再进行更高阶段的教育投资；另一方面，近年来我国持续加大对农村基础教育的投入，尤其是在广大农村地区全面推行九年义务制教育，免收学杂费用，让更多的"上不起学""不愿上学"的农村子女走进学校和课堂，从而最大限度地减轻了农村家庭的教育投资压力与负担。

另外，从比例上看，1996年农村居民用于教育文化方面的人力资本投资额占消费总支出的8.43%，到了2015年，这一比例提升至10.51%，占比提高了2.08个百分点；在医疗方面，1996年农村居民用于医疗保健方面的人力资本投资额占消费总支出的3.71%，到了2015年，这一比例提升至9.17%，占比提高了5.46个百分点；在迁移方面，1996年农村居民用于交通通信方面的人力资本投资额占消费总支出的3%，到了2015年，这一比例提升至12.61%，占比提高了9.61个百分点左右。这一比例数值变化与上述总量分析结果基本吻合，即我国农村在教育、医疗健康与迁移等方面的微观人力资本投资在过去的20年时间里同样保持了较为快速的增长。

二　河北省微观人力资本投资情况

（一）河北省城镇居民微观人力资本投资分析

表6－3反映了2000—2015年河北省城镇居民人均消费总支出、教育文化娱乐、医疗保健及交通通信等消费支出额与占比情况。

表6－3显示，河北省城镇居民人均消费支出2000年为4348.47元，2015年为17586.62元，经过15年的发展，2015年是2000年的4.04倍，年均增长率达到了20.2%。其中，2015年教育文化娱乐消费支出1870.83元，是2000年529.35元的3.5倍，年均增长率达到16.9%；2015年人均医疗保健消费支出1500.63元，是2000年376.71

表 6 - 3 　　　　　　　河北省城镇居民人均消费支出情况

指标		年份				
		2000	2005	2010	2014	2015
人均消费支出（元）		4348.47	6699.67	10318.32	16203.82	17586.62
教育文化娱乐	金额（元）	529.35	795.43	1001.01	1591.89	1870.83
	占比（%）	12.17	11.87	9.70	9.82	10.64
医疗保健	金额（元）	376.71	642.71	923.83	1304.5	1500.63
	占比（%）	8.66	9.59	8.95	8.05	8.53
交通通信	金额（元）	337.15	772.34	1398.35	2448.37	2386.4
	占比（%）	7.75	11.53	13.55	15.11	13.57

　　资料来源：河北省统计局：《2016 年河北经济年鉴》。

元的 3.98 倍，年均增长率达到 14.9%；2015 年人均交通通信消费支出 2386.4 元，是 2000 年 337.15 元的 7.07 倍，年均增长率达到 40.5%。

　　综合来看，与全国情况基本类似，河北省在 2000—2015 年，无论是在人均消费支出总额上，还是在教育文化娱乐、医疗保健及交通通信等消费支出额度上，都实现了快速增长，也可以说是发生了由量到质的转变。一方面，得益于河北省经济社会快速发展所带来的居民收入水平的不断提升；另一方面，得益于河北省各级政府全面推行的各项"惠民计划""民生工程"，在持续提升教育、医疗与交通等公共服务水平上所发挥的重要作用。

　　从比例指标上看，2000 年河北城镇居民用于教育文化娱乐的消费支出占总支出的 12.17%，而到 2015 年却下降到了 10.64%；与之类似的是医疗保健支出，2000 年河北城镇居民用于医疗保健的消费支出占总支出的 8.66%，而到 2015 年也略微下降到了 8.53%。这反映出，虽然河北省城镇居民在教育、医疗等方面的人力资本投资总量一直保持快速增长，但与同期整体的消费支出总额相比，与全国个别指标的平均水平（2015 年全国教育文化消费支出占比为 11.4%）相比，整体投资水平仍然较低，仍然存在较大的差距和提升空间。

与教育、医疗支出投资不同，河北省城镇居民用于交通通信的投资支出却保持了快速的发展势头。2000 年，河北省城镇居民用于交通通信的投资支出占总支出的 7.75%，2015 年该项指标上升到了 13.57%，几乎提升了 1 倍左右。这一点与全国的情况相一致。

（二）河北省农村居民微观人力资本投资分析

表 6 - 4 反映了 2000—2015 年河北省农村居民人均消费总支出，教育文化娱乐、医疗保健及交通通信等消费支出额与占比情况。

表 6 - 4　　　　　　　河北省农村居民人均消费支出情况

指标		年份				
		2000	2005	2010	2014	2015
人均消费支出		1365.23	2165.72	3844.92	8247.99	9022.84
教育文化娱乐	金额（元）	130.71	225.79	296.11	758.74	870.43
	占比（%）	9.57	10.43	7.70	9.20	9.65
医疗保健	金额（元）	78.28	134.77	344.25	788.71	920.54
	占比（%）	5.73	6.22	8.95	9.56	10.20
交通通信	金额（元）	84.55	221.96	464.8	1146.52	1298.46
	占比（%）	6.19	10.25	12.09	13.90	14.39

资料来源：河北省统计局：《2016 年河北经济年鉴》。

表 6 - 4 显示，河北省农村居民人均消费支出 2000 年为 1365.23 元，2015 年为 9022.84 元，经过 15 年的发展，2015 年是 2000 年的 6.6 倍，年均增长率达到了 37.4%。这一比例明显高于城镇居民 4.04 倍与 20.2% 的对应数据。具体来看，2015 年农村居民教育文化娱乐消费支出 870.43 元，是 2000 年 130.71 元的 6.6 倍，年均增长率达到 37.7%，高于城镇居民 3.5 倍与 16.9% 的对应数据；2015 年农村居民人均医疗保健消费支出 920.54 元，是 2000 年 78.28 元的 11.76 倍，年均增长率达到 71.7%，也高于城镇居民 3.98 倍与 14.9% 的对应数据；2015 年农村居民人均交通通信消费支出 1298.46 元，是 2000 年 84.55 元的 15.35 倍，年均增长率达到 95.7%，显著高于城

镇居民 7.07 倍与 40.5% 的对应数据。通过以上分析可以看出，2000—2015 年期间河北省农村居民在教育、医疗和迁移等各方面人力资本投资的增长率均高于城镇居民的对应数值，反映出河北省农村居民人力资本投资水平"起点低""发展快"的鲜明特点。

从比例指标上看，2000 年河北省农村居民用于教育文化娱乐的消费支出占总支出的比率为 9.57%，2015 年为 9.65%，增长了 0.08 个百分点；2000 年河北省农村居民用于医疗保健的消费支出占总支出的比率为 5.73%，2015 年为 10.2%，增长了 4.47 个百分点；2000 年河北省农村居民用于交通通信的消费支出占总支出的比率为 6.19%，2015 年为 14.39 个百分点，增长了 8.2 个百分点。需要说明的是，在上述各项指标中，农村居民的交通通信支出总量最高、增幅最大。以 2015 年为例，当年河北省农村居民人均交通通信支出 1298.46 元，分别是人均教育文化、医疗保健支出的 1.49 倍和 1.41 倍。这也许是因为河北地处京津腹地，每年有大量农村剩余劳动力赴京津等地打工，形成来往频繁、规模庞大、周期性强的人口迁移潮，直接带动并影响了河北省农村居民交通通信消费支出的不断提高。

三 与国内其他省市的相关比较

以上基于省内数据，就河北省城镇、农村居民在近十几年微观人力资本投资情况的分析，对于准确把握河北省微观层面的人力资本投资状况，只能说是初步的，所得出的研究结论也在一定程度上存在片面性。放到全国 31 个省份中，河北省城镇、农村居民家庭在教育、医疗和迁移等方面的人力资本投资水平究竟如何，在全国处于何种层次和水平，是否与河北的经济社会地位相匹配，还存在哪些差距？等等，这些问题均需要做进一步的分析与探讨。

表 6-5 清晰地反映了全国 31 个省份 2015 年城镇居民在教育文化娱乐、医疗保健、交通通信等方面的支出情况。

从总量上看，2015 年河北省城镇居民人均教育文化娱乐支出 1871 元，支出额在全国 31 个省份中处于下游水平，不仅低于与河北经济发展水平接近的辽宁省（2419 元）、河南省（1992 元），甚至还低于西部的贵州省（2313 元）、云南省（2079 元）；在医疗保健方面，

表 6 - 5   **2015 年各省份城镇居民人均消费支出**

省份	消费支出（元）	教育文化娱乐		医疗保健		交通通信	
		金额（元）	占比（%）	金额（元）	占比（%）	金额（元）	占比（%）
北 京	36642	4028	10.99	2370	6.47	4860	13.26
天 津	26230	2283	8.70	1888	7.20	3403	12.97
河 北	17587	1871	10.64	1501	8.53	2386	13.57
山 西	15819	2208	13.96	1394	8.81	2148	13.58
内蒙古	21876	2505	11.45	1576	7.20	3231	14.77
辽 宁	21557	2419	11.22	1762	8.17	2769	12.84
吉 林	17973	2162	12.03	1924	10.71	2322	12.92
黑龙江	17152	1847	10.77	1924	11.22	2059	12.00
上 海	36946	4046	10.95	2362	6.39	4457	12.06
江 苏	24966	3058	12.25	1594	6.39	3620	14.50
浙 江	28661	2963	10.34	1539	5.37	4753	16.58
安 徽	17234	1913	11.10	1073	6.23	2266	13.15
福 建	23520	2314	9.84	1165	4.95	3022	12.85
江 西	16732	1874	11.20	841	5.03	2084	12.45
山 东	19854	2141	10.78	1416	7.13	2748	13.84
河 南	17154	1992	11.61	1365	7.96	1874	10.93
湖 北	18192	1972	10.84	1482	8.15	2155	11.85
湖 南	19501	2934	15.05	1175	6.02	2430	12.46
广 东	25673	2672	10.41	1096	4.27	3905	15.21
广 西	16321	1845	11.30	866	5.31	2249	13.78
海 南	18448	1618	8.77	1307	7.09	2643	14.33
重 庆	19742	1951	9.88	1394	7.06	2383	12.07
四 川	19277	1863	9.66	1369	7.10	2414	12.52
贵 州	16914	2313	13.67	872	5.16	2248	13.29
云 南	17675	2079	11.76	1352	7.65	2664	15.07
西 藏	17022	758	4.45	534	3.14	2037	11.97
陕 西	18464	2201	11.92	1784	9.66	2308	12.50
甘 肃	17451	2045	11.72	1391	7.97	1850	10.60
青 海	19201	2022	10.53	1459	7.60	3355	17.47
宁 夏	18984	2390	12.59	2016	10.62	2510	13.22
新 疆	19415	2105	10.84	1517	7.81	2869	14.78

注：由于统计口径与统计样本的差别，国家统计年鉴数据与河北省经济年鉴数据略有出入。

资料来源：国家统计局：《2016 年统计年鉴》。

2015 年河北省城镇居民人均消费支出 1501 元，支出额在全国 31 个省份中处于较为平均的水平，低于上海市（2362 元）、江苏省（1594 元）、浙江省（1539 元）等发达地区，但高于周边的山东省（1416 元）、河南省（1365 元）及山西省（1394 元）；在交通通信方面，2015 年河北省城镇居民人均消费支出 2386 元，支出额在全国 31 个省份中处于中游水平，低于北京市（4860 元）、天津市（3403 元）、上海市（4457 元）等发达地区，但高于山西省（2148 元）、安徽省（2266 元）与湖北省（2155 元）。

从所占比例上看，2015 年河北省城镇居民在教育文化、医疗保健和交通通信等方面的消费支出分别占消费总支出的 10.64%、8.53% 和 13.57%。与总量结构类似，这一比例结构在全国 31 个省份中总体处于中下游水平。值得说明的是，河北省城镇居民在教育文化娱乐方面的人力资本投资，无论是在总量上，还是在比例上，均低于全国的平均水平。与北京、天津、江苏等发达地区相比，更是差距明显。教育投资是人力资本投资形式中最为主要、核心的方式，该指标上的差距很大程度上反映出，河北城镇居民在微观人力资本投资方面仍然存在规模较小、力度较弱、效果较差的问题。下一步，河北省应以提升城镇居民的教育文化支出为突破口，通过对标先进、补齐"短板"，下大力气提升并保持好自身的人力资本水平。

与表 6-5 类似，表 6-6 反映的是 2015 年全国农村居民在教育文化娱乐、医疗保健、交通通信等方面人均支出的情况。

表 6-6   2015 年各省份农村居民人均消费支出

省份	消费支出（元）	教育文化娱乐		医疗保健		交通通信	
		金额（元）	占比（%）	金额（元）	占比（%）	金额（元）	占比（%）
北　京	15811	1145	7.24	1336	8.45	2140	13.53
天　津	14739	1245	8.45	1160	7.87	2196	14.90
河　北	9023	870	9.65	921	10.20	1298	14.39
山　西	7421	1017	13.71	794	10.70	820	11.05
内蒙古	10637	1458	13.70	1118	10.51	1647	15.48

续表

省份	消费支出（元）	教育文化娱乐		医疗保健		交通通信	
		金额（元）	占比（%）	金额（元）	占比（%）	金额（元）	占比（%）
辽　宁	8873	1122	12.65	1065	12.00	1351	15.23
吉　林	8783	1118	12.73	1058	12.05	1204	13.70
黑龙江	8391	1098	13.08	1113	13.26	1162	13.85
上　海	16152	893	5.53	1464	9.07	2046	12.67
江　苏	12883	1320	10.25	1088	8.45	1880	14.59
浙　江	16108	1486	9.23	1246	7.74	2566	15.93
安　徽	8975	834	9.30	808	9.00	1056	11.77
福　建	11961	1004	8.39	827	6.91	1249	10.44
江　西	8486	883	10.40	570	6.71	866	10.20
山　东	8748	912	10.43	919	10.51	1393	15.92
河　南	7887	851	10.79	769	9.75	970	12.30
湖　北	9803	1118	11.41	985	10.05	1218	12.43
湖　南	9691	1276	13.17	844	8.71	920	9.50
广　东	11103	952	8.58	723	6.51	1160	10.45
广　西	7582	842	11.10	710	9.36	822	10.84
海　南	8210	904	11.01	635	7.73	836	10.18
重　庆	8938	923	10.33	746	8.35	888	9.94
四　川	9251	699	7.56	840	9.08	1020	11.02
贵　州	6645	873	13.13	449	6.76	784	11.80
云　南	6830	782	11.45	578	8.46	987	14.45
西　藏	5580	179	3.21	136	2.44	719	12.88
陕　西	7901	1037	13.12	958	12.13	793	10.04
甘　肃	6830	854	12.50	670	9.81	812	11.88
青　海	8566	807	9.42	1191	13.90	1278	14.92
宁　夏	8415	995	11.83	926	11.00	1071	12.73
新　疆	7698	632	8.21	732	9.51	1032	13.40

　　注：由于统计口径与统计样本的差别，国家统计年鉴数据与河北省经济年鉴数据略有出入。

　　资料来源：国家统计局：《2016年统计年鉴》。

对 31 个省份农村居民人均消费支出由高到低排序得知，河北省农村居民人均消费支出居全国第 12 位，仅低于上海、浙江、北京、天津、江苏、福建、广东、内蒙古、湖北、湖南、四川等省市，处于中等偏上水平。细分看来，河北省农村居民的人均教育消费支出在全国 31 个省份中居第 22 位，人均医疗消费支出位列第 14 位，人均交通消费支出位列第 9 位。与城市居民情况类似，河北省农村居民人均教育支出在全国范围内同样处于中下游水平。百年大计，教育为本。河北省城镇、农村居民在教育上的低消费、低投资，必然会导致人力资本的低产出与低回报，进而最终影响整体人力资本效能的提升。

第三节　对策与建议

以上统计分析表明，近年来随着经济社会的快速发展以及人们生活水平的不断提升，河北省居民的微观人力资本投资已经实现了由小变大、由弱变强、由涓涓细流至汩汩涌泉的巨大转变，进入了一个新的发展阶段。当前，无论是城镇居民还是农村居民，在加大教育、医疗及迁移等微观人力资本投资上的意识持续增强，从人力资本投资中获取的物质、精神与心理的综合收益不断扩大，重视教育、重视健康、重视发展的社会共识逐步形成，人力资本"投资热"逐渐显现。

尽管如此，与我国沿海发达地区相比，与京津冀协同发展对人力资本投资的要求相比，河北省城镇、农村居民在微观人力资本投资方面尚存在一些不容忽视的问题。

其一，投资量不足。在与国内其他先进省份的对比中发现，河北省城镇与农村居民无论是在人均消费总支出，还是在教育、医疗与迁移等各分项支出上，都处于较低的投资水平。多数指标的支出额不及北京、天津、江苏等发达地区的 1/2，有些指标甚至低于西部等欠发达地区。放眼全国，河北省的城镇与农村居民的微观人力资本投资仍维持在一个相对较低的水平。

其二，投资结构失衡。上述统计分析资料显示，无论是城镇居民还是农村居民，河北省在教育文化上的人力资本投资额度与比例均位列全国 31 个省份的末端。这既与河北的经济社会大省地位严重不符，也与河北大力推进实施"科技兴冀""教育强冀"发展战略的目标要求格格不入。

发现、剖析问题的目的在于有效解决问题。在京津冀协同发展背景下，为更好地激发并提升河北省城镇、农村居民在微观人力资本投资上的积极性与主动性，在全省上下营造出更加宽松、更加顺畅、更加完善的人力资本投资环境与体制机制，需要在以下几个方面加大工作力度：

一是不断提升居民的综合收入水平。提高居民人力资本投资积极性与主动性的根本，在于不断提升各类居民的收入水平，要让更多的经济社会发展成果普惠于民，让更多的改革红利造福于人。只有不断让居民的腰包"鼓起来"，才能真正让居民人力资本投资的意愿"强起来"。各级政府要多措并举，通过调整与改善收入分配机制、提高最低工资水平、建立健全社会保险制度等措施，来持续提高居民的综合收入水平，为河北省微观人力资本投资注入强大动力、提供不竭动能。

二是不断提高政府的宏观人力资本投资水平。诚如本书第五章所述，在诸多的人力资本投资主体中，政府的宏观投资发挥着关键作用。加大各类居民的微观人力资本投资，首要条件之一在于不断提高政府的宏观人力资本投资水平。只有政府不断加大对教育、医疗等方面的资源投入，持续改善教育、医疗服务条件，才能为各类居民的微观人力资本投资搭建良好的平台、创建良好的环境，也才能进一步激发出、带动起居民的人力资本投资热情与积极性。

三是不断改善人力资本投资的体制机制。不断降低人力资本投资的成本，持续提高人力资本投资的收益，是提升人力资本投资水平的主要路径。无论是降低成本，还是提高收益，都需要从制度入手，以制度落地。一方面要不断破除束缚影响人力资本收益的藩篱，去除各种劳动力市场分割要素，保证每一个劳动者的权利与权益；另一方面还需要不断加大人力资本的各项投入，确保公共服务资源的均衡化与最大化，有效降低人力资本投资的各项成本。通过体制机制的重塑，确保每一项惠民、利民措施落到实处，让人民共享各项发展成果。

　　延展和拓宽人力资本的积累路径，不断提升河北省的人力资本水平，不仅需要政府部门持续加大人力资本的宏观投资，还需要城镇与农村居民不断加大人力资本的微观投资，只有将"政府投资"与"民间投资"有机融合，将"宏观"与"微观"有效衔接，才能最大限度地提高河北人力资本投资的广度、深度与高度，进而有效提升整体的人力资本存量水平。

第七章　河北省人力资本积累路径三：
借力京津人力资本

推动京津冀协同发展，核心在于重视人力资本在其中所发挥的重要作用，关键在于不断补齐河北的人力资本"短板"，填补人力资本存量"洼地"。为此，不仅需要河北"苦练内功"，加大自身"造血功能"，持续加大人力资本的宏观、微观投资，而且需要河北把握京津冀协同发展大势，不断"凭势借力"，通过从京津两地"招才引智"和"柔性共享"，来不断改进自身人力资本的存量结构，提升人力资本存量水平。亦即通过借力京津人力资本，拓宽人力资本的积累路径，实现河北人力资本积累水平的不断提高。

需要注意的是，河北借力京津人力资本，不是"鱼龙混杂"式的照单全收，也不是"眉毛胡子一把抓"的盲目引进，应把借力的重点聚焦在京津两地的人才身上。人才，是人力资本的载体和呈现体，是凝聚着丰富知识与技能、能够在某一专业领域产生一定影响，并做出特殊贡献的劳动者。加大对京津两地人才的引用，特别是针对高端创新创业人才、科技人才的引进和使用，对提升河北人力资本存量的质量和水平，推动经济社会各项事业又好又快发展具有极其重要的意义。

第一节　借力京津人力资本动因分析

借力京津人力资本，加大对京津两地人才的引进和使用力度，延展并拓宽河北省的人力资本积累路径，既是区域经济一体化发展的客观要求，也是京津冀协同发展战略推进的题中应有之义，更是河北实现可持续健康发展和绿色崛起的必然选择。

一　借力京津人力资本是区域经济一体化发展的客观要求

人才是重要的人力资源，是人力资本的重要载体，是市场活动中最为显著、最为活跃的要素，是提高社会生产力和推动经济社会发展的主导力量。市场经济的深入发展，要求不断打破行政区域限制、冲破政策樊篱束缚，最大限度地实现资源（资本）要素的自由流动与优化配置，人力资源（资本）要素也不例外。人才一体化是区域发展一体化的重要内容，实现区域发展一体化的根本，在于实现人才发展的一体化。

"长三角"地区的发展，得益于江浙沪人才资源的富集和区域内资本、产业、人才的多向流动。推进京津冀一体化发展，不仅仅是行政法规、资金技术、生产资料的一体化发展，也是人才交流与合作的一体化发展。受制于资源禀赋条件及发展环境等的差异，京津冀三地经济社会发展程度存在很大不同。人才集聚为区域创新与发展带来潜力，区域一体化发展也客观需要人才资源的自由流通。即只有基于人才资源（资本）的合理流动与优化配置，才使得知识、技术等生产要素在不同发展主体间自由交换与融通，从而为京津冀区域发展一体化带来不竭的动力与源泉。

因此，河北借力京津人力资本，特别是加大对京津的招才引智力度，不断弥补自身的"短板"与不足，不仅是市场经济条件下人才资源（资本）合理流动与优化配置的客观要求，也是京津冀区域一体化发展的客观要求。

二　借力京津人力资本是京津冀协同发展战略推进的题中应有之义

实施京津冀协同发展战略，推动京津冀三地一体化协同发展，是党中央、国务院在新的历史条件下做出的重大决策部署，是国家的发展大计。推动京津冀协同发展，出发点在于有效疏解北京的非首都功能、解决北京等地的"大城市病"；着力点在于促进京津冀三地要素市场的一体化发展、构建协同发展的体制机制；落脚点在于有效补齐京津冀三地经济社会发展"短板"，形成协调联动、互利共赢的新局面。

有序疏解北京的非首都功能，关键在于要根据首都的角色定位与核心功能，实现特定产业的转移与分流。这必然会使相关领域的人力、财力、物力大规模流向河北腹地，为河北提供广阔的发展空间，也为河北借力京津人力资本提供难得的历史机遇。《京津冀协同发展规划纲要》中明确提出：北京、天津等地要通过项目开发、联合培养、定向交流等方式，加大与河北的人才交流力度、强化对河北的人才辐射作用，形成跨区域人才流动机制，搭建人才信息的共享平台。

可见，借力京津人力资本，不仅有来自河北谋求自身快速发展的拉力，也有来自京津疏解自身非核心功能的推力。拉力与推力形成的强大合力，成为推动京津冀协同发展战略实施的引擎和动力源。

三 借力京津人力资本是河北可持续健康发展和绿色崛起的必然选择

国内外的发展经验表明，实现变革发展、创新发展、跨越式发展的关键在科技，核心在人才。当前，河北正处在转方式、调结构、实现发展方式转型的关键时期。为实现绿色崛起的发展目标，河北需要一支数量多、结构优、专业强、素质高、创新力强、成长性好的人才队伍予以强力支撑。而这些人才仅靠河北自身培养与积累，是远远不够的。

目前，京津冀协同发展已进入换挡加速的变革期。随着河北与京津两地共同建立的高层次人才创业园、科技成果转化基地、科技孵化基地、新兴产业示范区、战略新兴产业基地等如雨后春笋般地快速兴起，河北对高层次科技人才、新型创新创业人才的需求更加急迫与现实，大规模就近引用京津人才成了最佳选择。

长期以来，北京、天津以其自身的经济社会发展优势，产生了巨大的"虹吸效应"，吸引着大量的河北本地人才流入京津就业工作，使河北的人才培养与引用工作举步维艰，并直接制约了河北经济社会的持续健康发展。在京津冀协同发展的大背景下，河北只有改变以往"环绕京津、依托京津、服务京津"的传统思维模式，不断树立"融入京津、开发京津、利用京津"的新型思维模式，才能在与京津两地的协作进取中实现互利共赢,为自身经济社会的持续健康发展增添原动力与新动能。

第二节 河北省借力京津人力资本的现状

一 河北与京津人才合作历程

河北与京津间的人才合作由来已久。参照马宁、饶小龙等相关研究(见表7-1),本书将合作过程划分为以下四个阶段:

表7-1   **京津冀区域人才合作发展概览**

阶段	时间	参与单位	合作形式	合作成果
起步阶段	20世纪80年代中期至90年代中期	民间团体	临时性合作	小规模临时性合作
	90年代中期至2003年	北京、天津和河北部分地区	正式人才合作	局部地区合作
发展阶段	2005年6月8日	京津冀人事厅(局)	京津冀人才开发一体化研讨会	签订《京津冀人才开发一体化合作协议》
	2005年9月	京津冀人事厅(局)	签署文件	签订《京津冀人才开发一体化章程》
	2006年12月	京津冀人事厅(局)	京津冀人才开发一体化联席会议	签订《京津冀人才交流合作协议书》《京津冀人事代理、人才派遣合作协议书》《京津冀人才网站合作协议书》
	2007年7月	北京人才网、北方人才网、河北人才网	环渤海网站联盟	一网注册、多网发布、实现人才信息共享
	2007—2010年	京津冀各企事业单位	历年京津冀招才引智大会	提供数百家企业事业单位招聘职务

续表

阶段	时间	参与单位	合作形式	合作成果
全面发展阶段	2011 年 4 月	京津冀人力社保厅（局）	京津冀区域人才合作框架协议书	人才市场与人才服务、共享高层次人才智力资源、加强人才培养合作、共建人才创新创业载体等 6 方面
	2011 年 5 月		2011 年首届京津冀人才交流大会	邀请近千余家大中型企事业单位参会，提供人才需求 2 万多个
换挡提速阶段	2014 年至今	京津冀组织部、人力社保厅（局）	京津冀人才工作联席会议	围绕人才工作一体化中深层次的体制机制问题进行多次研讨，达成了广泛共识
			京津冀专场招聘	三地共提供 2.3 万个工作岗位，吸引数万求职者参加，整体现场达成意向率超过 30%
			创业园区建立	张家口环首都高层次人才创业园成立；北京中关村海淀园秦皇岛分园揭牌成立

资料来源：转引自马宁、饶小龙《合作与共赢：京津冀区域人才一体化问题研究》，《中国人力资源开发》2011 年第 10 期。

（一）萌芽自发阶段

20 世纪 80 年代中期至 2003 年是河北与京津人才合作的自发阶段。这时的人才合作尚处于萌芽状态，大多是以科研院所为代表的企事业单位间的自发合作行为，不仅形式单一、领域狭窄，而且以临时性、局部性合作为主。

（二）起步发展阶段

2004—2010 年，河北与京津的人才合作开始进入起步发展阶段。

2004 年 2 月，在国家发改委的牵头组织下，京津冀经济发展战略研讨会在河北省廊坊市顺利召开，标志着三地人才开发一体化合作正式启动。此后，河北与北京、天津先后在人才交流、联合培养、资格互通互认等方面签署多项合作协议，且逐步建立起多边、多元、多层次的人才合作模式。

（三）全面发展阶段

2011 年年初，国家"十二五"发展规划明确提出"加快推进京津冀区域经济一体化发展，打造首都经济圈"的战略构想，进一步推动了河北与京津两地人才合作的进一步深入发展。同年，京津冀三地启动区域人才合作推进工程，三地组织部门签署了《京津冀区域人才合作框架协议书》，建立了人才合作联席会议制度，发布了京津冀人才一体化发展宣言。协议书还分别从贯通人才市场与人才服务、共享高层次人才智力资源、加强人才培养合作、共建人才创新创业载体、建立相互包容的社会保障制度、实现人才政策互通共融六个层面，指明了京津冀三地人才合作发展的方向。

（四）换挡提速阶段

2014 年至今，伴随京津冀协同发展上升为国家发展战略，河北与京津相对松散、低层面的人才合作，也升级为国家层面的人才一体化发展战略，京津冀人才合作进入换挡提速的快速发展期。其间，京津冀三地多次轮流召开京津冀人才工作联席会议，围绕人才工作一体化中的深层次体制机制问题进行交流与研讨，达成了广泛共识，并相继推动落实了京津冀三地人才招聘会、干部人才组团交流挂职、高端人才联合引入培养等系列试点项目，取得了突出成效。特别是 2017 年 6 月底，京津冀三地联合发布了《京津冀人才一体化发展规划（2017—2030 年）》，这是我国人才发展史上第一个区域性人才发展规划，也是服务于国家重大发展战略的第一个专项人才规划，对于更好地实施京津冀协同发展战略具有重大意义。

京津冀三地间人才工作的全面、深度、加速合作，必将为京津冀协同发展提供强大的人才智力支持。

二　河北与京津人才合作现状

（一）取得的成果

自京津冀协同发展上升为国家战略以来，河北与北京、天津的人才合作，在深度上由浅入深，在广度上由窄变宽，在方式上由一元变多元，取得了一系列成果，并呈现出如下三个方面的特征。

一是形式多样。三年来，河北与北京、天津两地围绕人才交流与培养，开展了内容多元、形式多样的人才合作。在体制机制方面：河北与北京、天津依托京津冀联席会议，围绕联合引才招聘、异地交流、职业资格认定、社会保障等人才合作体制机制方面的深层次问题，进行了广泛深入的探讨，达成了众多共识。在政产学研方面：河北与北京、天津多所知名高校、科研院所建立"京津冀高校联盟""人才驿站""博士后流动站""院士工作站""国家实验室"等多个人才引智及转化平台，促进了众多科技成果的转化与应用。在人才交流与互动方面：河北与北京、天津高校间交流互动频繁，每年选派大量中青年骨干教师赴京津高校研修或做访问学者，并邀请京津知名专家学者来冀讲学、联合培养研究生等。此外，河北与京津两地还通过干部间的双向挂职交流，建立起顺畅、无缝隙的沟通协调机制，促进了三地间政策措施的匹配与衔接。在联合引才方面：河北与北京、天津联合举办多场招聘会，吸引众多高层次人才参加，促进了京津冀人才的跨区域流动与就业。

二是成果丰硕。河北通过与京津开展内容多元、形式多样的人才项目合作，取得了一系列成果。例如，在联合引才方面：河北与京津两地曾于2014年4月21日至5月20日召开"京津冀区域人才交流系列活动"，吸引了来自京津冀3万多名求职者参加。其中，北京专场招聘会共提供7200余个岗位，现场意向率达到26.3%；天津专场招聘会共提供5000余个岗位，现场意向率达到48.7%；河北专场招聘会共提供11600个岗位，8000多人参与，现场意向率达到38.8%。在搭建平台方面：河北依托京津高校、科研院所，揭牌成立了"京津人才创新创业园"，目前已入驻院士工作站2家、科技专家企业工作站1家，并拥有省级院士工作站5家、科技专家企业工作站43家。

在成果转化与科技孵化方面：河北省秦皇岛市与北京中科院携手建立"技术创新成果转化基地"，目前已经吸引中科院遥感所、自动化所等9家科研院所13个项目入驻，并相继成立11个实体企业、2个所企共建单位，内容涵盖空间技术、自动化研究、电子商务与智慧教育等多个领域。①

三是效果显著。河北通过对京津两地的招才引智，有效促进了科技成果的落地转化，带动了战略新兴产业的快速发展。如依托河北省秦皇岛市的京津人才创新创业园，卢秉恒院士的科研成果被科技部火炬中心、河北省科技厅批准为"秦皇岛3D打印设计与制造中心"。谭天伟院士领衔建立的"北京化工大学秦皇岛海洋化工研究院"成为生物工业产业顶级的科研机构。各院士及其团队的科研成果，涵盖生物化工、机械制造、测试计量技术等多个领域，成为秦皇岛乃至河北省战略性新兴产业起步腾飞、跨越发展的坚实保障。此外，河北依托京津的高级"外脑"，还有效解决了全省重大关键技术难题，实现了生态效益、经济效益与社会效益的综合提升。如冀中能源集团通过引入袁亮院士及其专家团队，成立"平安煤矿瓦斯治理国家工程研究中心"，有效攻克了瓦斯治理的关键技术，达到国际先进水平。河北开滦集团在引进院士的指导下，完成国家"863"计划项目"高灰难选煤泥的高效分选设备与工艺研究"，形成了具有自主知识产权的全新技术体系。②

（二）存在的不足

近年来，河北省虽然采取了各类优惠政策，吸引越来越多的京津人才来冀就业与创业，但相较于北京、天津巨大的人才"宝库""巨矿"，河北的借力引才只不过是"冰山一角"，远不能满足河北转方式、调结构，构建战略新兴产业、实现绿色崛起对高科技人才、创新

---

① 孟新颖：《在京津冀协同发展中如何用足用活用好京津人才问题研究》，《现代商业》2014年第26期。

② 此部分参照中国人事科学研究院"市场在人力资源配置中的决定性作用研究"系列课题成果——河北引用京津科技人才情况调查与实证研究（河北省社会科学院人力资源研究所）的研究结题成果。

创业人才的巨大需求。在京津两地对外疏解"推力"不足与河北人才政策"拉力"乏力的背景下，京津冀三地间尚未形成大规模的人才"迁移"流动，京津冀三地间在人才数量与质量上的"结构性失衡"问题并没有得到根本性改善，河北借力京津人力资本还存在很多需要解决的突出问题。

一是借力引才的规模还小。河北省大规模的借力引才活动，往往仅集中于离北京、天津较近且各方面发展条件较好的秦皇岛、保定、廊坊等地，而经济相对落后的衡水、张家口、承德等地，借力引才尚未有明显起色。河北的借力引才还没有呈现出以点带面的"燎原"发展态势，京津冀人才一体化中长期目标的实现，弥补河北省紧缺人才"短板"的任务依然艰巨。

二是借力引才的层次尚低。近年来，大规模来冀就业或创业的人才多为京津两地的中青年专业、技术人员，且因户籍、住房、薪酬等问题，还无法完全融入当地生活。而真正掌握前沿科学技术、掌握某领域的发明专利、熟悉科研成果转化、懂得新兴市场开发与运作的创新创业人员、高级科技工作者和管理者来冀工作的却屈指可数。

三是借力引才的领域较窄。河北省社科院人力资源研究所的一项调查研究显示，目前河北省引进京津两地人才的行业仍集中于传统的"制造业"和"采矿业"，其规模几乎占了引才总数的"半壁江山"。这虽然与河北传统的支柱产业市场地位相吻合，但与河北省绿色崛起所倡导的大力发展战略性新兴产业的目标愿景却相去甚远。

三　河北借力京津人力资本不足的原因分析

制约河北省借力京津人力资本的原因有很多，既有体制机制、思想意识等方面的因素，也有引才环境、产业政策等方面的问题。

（一）河北借力引才的思想意识仍然落后

尽管在《河北省中长期人才发展规划纲要（2010—2020）》中明确提出：要牢固树立人才是经济社会发展"第一资源"的核心意识，大力实施"人才兴冀""人才强冀"发展战略，做到人才资源优先发展、人才资本优先积累、人才工作优先谋划，不断推动河北由人口大省向人口强省转变。但在实际工作中，各级党政领导干部对人才资源是第一资源的认识还不到位；"尊重知识""尊重人才"仍停留在会议报告与宣传口号上，还不能真正深入人心；"求贤若渴"的招才引智文化氛围还未形成；"科学技术是第一生产力"的理念认识还未贯彻到每一项方针政策中。在省内大部分地区，"主动引才"政策变成了上级压给下级的"被动实施"政策，部分领导干部往往"为了引才而引才"，而不知"为什么引才""引什么样的才""如何引才"？具体工作中，片面追求 GDP、热衷招商引资、盲目投资建设、注重形式政绩，而真正需要依靠招才引智才能带来潜在、长远综合效益的工作却由于"难度大、见效慢"等原因，长期得不到重视和必要的投入。

此外，河北的对外开放水平与市场化程度仍落后于部分东部发达省份，地方政府资源配置的行政色彩浓厚，国有经济的比重过高，传统的"铁饭碗"意识在很多人心目中根深蒂固，一定程度上也影响了"招才引智""广招贤能""大众创新""万众创业"社会氛围的形成。"人才资源是第一资源"的发展观念很难做到"上下同一"。

（二）京津两地的"人才输出"积极性不高

当前，京津冀协同发展仍处于稳中向好的初级阶段。京津冀三地间"人才需求同构""产业布局同构"的现象还未有根本性改观，京津冀三地"竞争"大于"合作"，"协同共赢""共建共享"还停留在理想状态。以天津和河北为例，两地在"石油化工、电子信息、生物制药、物流运输、生态环保、装备制造"等方面产业结构严重趋同、人才需求也基本一致，不可避免形成"人才竞争"关系。在《首都中长期人才发展规划纲要（2010—2020）》中，北京明确制定了"人文北京人才工程""科技北京人才工程""绿色北京人才工程"的发展目标，提出了重点引进和培育新能源、节能环保、新兴科技、教育卫生等领域的专业人才。在《天津中长期人才发展规划（2010—2020）》中，天津也明确制定了"滨海新区人才高地工程""人才聚集工程""131 创新人才培养工程""高技能人才开发工程""金融人才开发工程"等系列人才发展目标，确定了大力引进海外高层次人才、战略性新兴产业领域专业人才、现代物流业与服务业专业人才的发展方向。以上京津两地的人才发展目标和内容，与河北省的人才发展目标和内容高度重叠。京津冀三地人才需求与发展上的"同需同向"，客观上制约了京津两地的"人才输出"。

与此同时，京津基于自身在基础设施、公共服务、产业集群、教育医疗、社会福利、文化事业等方面的独特优势，与河北形成一道不可逾越的无形"鸿沟"，不仅对河北本地人才产生了巨大的"虹吸"效应，也在海外人才招聘、国内其他高层次人才引用等方面占据天然独特优势，并形成对河北的强烈挤压。

此外，由于人才流动利益补偿机制的不健全，京津两地部分单位与部门对三地间"人才异地交流"存在不同程度的"隐忧"，加上"本位主义"与"一亩三分地"的意识存在，不但造成人才流动的主动性、积极性与参与性不高，而且还人为设置障碍，不同程度上制约了京津冀三地深层次的人才交流与合作。

（三）河北的产业结构吸引度较低

当前，河北省正处于全面深化改革，加快产业结构升级，从严落实"去产能、去库存、去杠杆、降成本、补短板"五大发展任务，努力实现绿色崛起的重要时期。从统计年报提供的各项数据指标中可以看出：河北的经济发展方式与产业结构虽然已经呈现出良好的发展态势，但由于受资源禀赋条件、历史发展基础等因素的制约，其产业发展结构仍无法改变以工业，尤其是以"采矿、化工、金属制造、机械、纺织"为主的格局（见表7-2）。

表7-2　　2015年河北省按行业分规模以上工业企业主要指标

行业	企业单位数（个）	工业销售产值（当年价格）	主营业务收入
全省总计	15295	45407.38	45648.10
煤炭开采和洗选业	145	944.71	1485.15
石油和天然气开采业	2	165.37	161.70
黑色金属矿采选业	550	1753.43	1728.39
有色金属矿采选业	16	42.73	46.56
非金属矿采选业	102	115.36	116.05
农副食品加工业	879	2179.64	2162.30

续表

行业	企业单位数（个）	工业销售产值（当年价格）	主营业务收入
食品制造业	346	1022.72	1030.70
酒、饮料和精制茶制造业	176	492.55	493.29
烟草制品业	3	176.17	170.93
纺织业	771	1652.26	1727.33
纺织服装、服饰业	254	417.40	422.99
皮革、毛皮、羽毛及其制品和制鞋	588	1339.41	1340.73
木材加工和木、竹、藤、棕、草制品业	149	274.27	266.19
家具制造业	165	287.56	280.32
造纸和纸制品业	264	501.68	486.39
印刷和记录媒介复制业	198	325.24	319.36
文教、工美、体育和娱乐用品制造业	299	355.37	352.81
石油加工、炼焦和核燃料加工业	142	1738.95	1665.22
化学原料和化学制品制造业	1031	2685.58	2585.18
医药制造业	265	773.68	905.32
化学纤维制造业	55	91.47	92.31
橡胶和塑料制品业	885	1357.31	1289.14
非金属矿物制品业	1345	1969.25	1910.93
黑色金属冶炼和压延加工业	755	10131.21	10075.51
有色金属冶炼和压延加工业	219	502.73	494.69
金属制品业	1447	2742.49	2686.89
通用设备制造业	971	1362.47	1332.05
专用设备制造业	820	1482.14	1455.09
汽车制造业	538	2164.22	2207.97
铁路、船舶、航空航天和其他运输设备	173	535.06	541.69
电气机械和器材制造业	832	2032.97	2049.59
计算机、通信和其他电子设备制造	193	514.10	520.51
仪器仪表制造业	99	104.51	105.12
其他制造业	67	62.50	62.55
废弃资源综合利用业	56	86.48	77.05
金属制品、机械和设备修理业	15	23.48	20.75
电力、热力生产和供应业	346	2771.30	2744.01
燃气生产和供应业	84	183.93	189.97
水的生产和供应业	50	45.67	45.39

资料来源：河北省统计局：《2016年河北经济年鉴》。

产业因人才而兴，人才因产业而聚。单一、粗放的产业结构，显然无法对高端科技人才，特别是新兴创新创业人才形成较强的吸附力，并最终影响到京津高端人才来冀发展的积极性与主动性。

（四）河北借力引才的平台载体较少

"筑巢引凤"是对借力引才平台建设的形象诠释。没有好的人才交流平台，就不可能大规模吸引京津两地人才来冀工作；没有好的人才培养载体，也不会让人才最大限度地发挥自身潜能，产生最大的能量。当前，河北的借力引才平台建设仍处于较为初级的阶段，还无法形成对京津人才的强大吸附力。

一是高等教育层面的平台较少。目前，河北省重点建设的十三所骨干大学，只有河北工业大学是省内唯一的"211"院校，但由于地处天津市，对河北的借力引才作用非常有限。近年来，河北与京津两地之间虽然广泛开展了"讲座讲学、互聘师资、联合培养"等各类人才交流活动，但仅是局部的、个别的、浅层次的，尚无常态化的组织来统领，也缺少清晰的主线思路来实施，更没有完善的体制机制来保障。

二是开发园区建设相对落后。近年来，河北大部分地区都规划建设了开发园区，现代化的、综合化的各类开发园区如雨后春笋般在燕赵大地上兴起。但由于各地开发园区的功能定位重叠、发展思路滞后、规划建设雷同，导致各地开发区仅成为相对初级、简单的工业聚集区，缺乏必要的创新创业活力与转型升级发展动力，致使在招商引资与招才引智等方面竞争力明显不足。

三是科技孵化与成果转化项目较少。目前，河北虽然与北京、天津等高校、科研院所成立了多个研究中心、博士后流动站、科技孵化基地、科研成果转化平台等，但与河北经济转型发展的需求相比，与国内先进发达省份相比，河北相关项目平台的建设，特别是科技孵化、成果转化项目的建设仍处于相对落后的水平。

（五）河北借力引才的政策优势较弱

近年来，河北省陆续出台了多项招才引智的优惠政策，在吸引京津人才来冀工作方面发挥了较大的作用。但与国内先进发达省份的招才引智政策相比，河北的人才吸引政策优势仍然不够显著。

一方面是激励力度较弱。例如，在江苏苏州工业园区的引才政策中，对于中国科学院院士、中国工程院院士、发达国家院士、国家最高科学技术奖获得者、诺贝尔奖获得者落户园区的，最高一次性可给予500万元的购房补贴；对于国家级重点学科、重点实验室、工程技术研究中心的学科学术技术带头人，国家有突出贡献的中青年专家，获国家科学技术奖一等奖、二等奖项目的第一、第二完成人落户园区的，最高可给予120万元的购房补贴。而河北省最新出台的《关于深化人才发展体制机制改革的实施意见》中则规定，对于引进的驻冀院士，一次性给予200万元安家费，对于国家"千人计划"专家等高层次领军人才，一次性给予100万元安家费。两相对比，仅在安家费与住房补贴一项上，河北与东部发达地区的差距可略见一斑。

另一方面是激励体系尚不健全。同样以江苏苏州工业园区为例，该地除了给予巨额的住房补贴外，园区还在招聘补贴、薪酬补贴、培训补贴、实习补贴、医疗补贴、出入境便利、人民币兑换等方面制定了较高的激励标准、出台了很多细化激励政策，形成了一套招才引智的激励"组合拳"。围绕科技领军人才的创新创业情况，该地还给予更多的扶持政策，内容涵盖股权激励投资、融资贷款、生产办公用房补贴、项目贷款贴息、销售收入奖励等多个方面，产生较强的吸引力与带动力。而目前河北省对高端人才的引用，仍主要以物质激励为主，且内容聚焦在安家费、科研奖励、生活补贴等方面，对科学成果的股权激励、分红期权激励、企业年金、补充医疗等其他激励方式，则鲜有涉及。

（六）河北借力引才的综合环境欠佳

借力引才工作不能唱"独角戏"，需要用系统化思维谋篇布局、用"弹钢琴"的工作方式来具体推动落实。较之国内先进省份或地区，目前河北省的招才引智优惠政策在激励力度、激励方式、激励体系上都不尽如人意，本来就缺乏较高的人才吸引度，加之河北严峻的自然生态环境，尤其是冬季"蜚声全国"的雾霾污染，都让更多的域外人才望而却步。产业结构上的落后、生态环境上的污染、引才政策上的薄弱、服务意识上的欠缺，从不同维度形成了一个借力引才的"恶性生态圈"，不仅严重影响了河北招才引智健康大环境的营造，也在较大程度上降低了河北省招才引智的综合竞争力。

（七）河北借力引才的体制机制不够健全

国内先进省份的经验表明，"借力引才"不是政府单个部门的事，也不是省级政府一个层级的事。"借力引才"作为一项系统工程，不仅需要领导层面的强有力推动，也需要不同部门、不同层级的密切配合与通力合作。

目前，河北省面向京津两地的"借力引才"工作主要由省委组织部、省人社厅等部门牵头并组织实施，其他职能部门参与较少。另外，主要地市与省直管县等相关部门作为执行层，对人才政策的顶层设计参与较少、配套人才政策的落实贯彻也不够好，全省各部门、各层级尚未形成统一的"借力引才"合力。

在与京津两地人才工作的对接上，目前也只能依靠"京津冀联席会议"这一临时性、松散化的交流平台，共商人才引进与交流的相关事宜，尚未建立起常态化、固定化的协商体制机制。"京津冀联席会议"大都围绕"专业资格互通互认""共享平台建设""专家库建设"等议题进行研讨，而对于"社会保险统一""柔性人才流动"等工作，由于涉及较多部门，推进力度与效果并不理想。

第三节　对策与建议

近年来，河北省各级政府不断加大招才引智的政策扶植力度，在借力京津人力资本、引进京津智力人才方面发挥了良好作用，取得了突出成效。成果显而易见，但存在的问题也不容忽视。下一步，河北省各级政府应紧紧抓住京津冀协同发展这一重要历史机遇，要以更高的站位、更开放的理念、更超常的举措、更强大的合力、更一流的服务，借力京津，全面推动招才引智工作向纵深发展。

一 树立先进的借力引才观念

唯物辩证法认为，物质决定意识，意识对物质产生巨大的能动作用。做好面向京津的借力引才工作，首先需要树立先进的借力引才观念。

一是牢固树立"人才是第一资源"的观念。当今世界，人才已经成为国家或地区发展的首要战略资源。谁拥有了人才优势，谁就拥有了发展的主导权与竞争的优先权。当前，河北省正处于加快经济发展方式转变、构建现代服务产业、实现绿色崛起的关键时期。要实现这一历史重任，要打赢河北省转方式、调结构的改革"攻坚战""翻身仗"，就必须牢牢树立和把握人才是第一资源的发展主线，把重视人才、关心人才、培养人才、服务人才的理念真正贯彻落实到每一项方针政策中，把各项人才政策真正用活、用足、用实、用好。

二是充分认识借力京津人才的重要性。京津两地最重要、最丰富、最具价值的是其科技、人才与智力资源。通过借力引才，可以很好地将京津两地的人才资源优势与河北丰富的资源优势紧密地联结起来，进而产生巨大的经济社会发展动力。借力京津人才，可以为京津冀协同发展带来一系列积极、正向的效应。首先是互补效应，通过借力京津，可以有效弥补河北在高科技人才、创新创业人才上的"短板"，提升并改善河北的人力资本存量与结构，促进京津冀人才一体化目标的实现；其次是盘活效应，通过借力京津，可以有效抑制京津对河北人力资本的"虹吸效应"，促进人力资本在京津冀三地形成"反梯度流"，有利于京津冀三地间的人才交流与往来，盘活京津冀的人才资源；再次是联动效应，通过借力京津，可以有效地将京津人才以及相关的科技、专利、资金、品牌等有形、无形要素联动带来，促进河北省战略新兴产业的快速发展；最后是示范效应，通过借力京津，可以有效促进河北产业结构转型与升级，促进经济社会的持续健康发展，为河北进一步面向全国、面向海外招才引智奠定良好的发展基础、积累丰富的引才经验、创造良好的用人环境，示范效应与放大效应不容小觑。

三是树立"共享"与"共赢"意识。借力京津人才，吸引京津人才来冀工作创业，不是挖京津两地的"人才墙脚"，更不是"厚己薄彼"的"拿来主义"。通过借力京津，可以在更大范围内促进三地间人才的合作与交流，特别是通过多种形式的人才"柔性共享"，带动三地间经济社会的协同发展，产生"1＋1＋1＞3"的综合效果。

四是树立"大局"意识。借力京津，需要不断拓宽与延展河北的人才定义域。河北各级领导干部要突破从单个地域孤立谋求发展、配置资源的传统思维定式，要站位于京津冀协同发展的大局、放眼于人才发展的最新趋势与潮流，以一体化大背景、大趋势、大格局来思考河北的人才开发与建设问题。要"走出河北看河北"，打破原有的狭义人才观，实现由封闭、半封闭向开放一体化的人才开发思维转变；实现由基于自身来制定人才战略规划，向基于一体化来制定人才战略政策的转变。[①]

二　制定比较优势明显的招才引智政策

人才是最重要的稀缺资源。借力京津人力资本，加大对京津两地人才的引用，不仅需要依靠地理上的先天便利，更需要依靠比较优势明显的招才引智政策。

一是要用足、用好、用实现有人才政策。经过多年发展，河北已形成了一系列人才激励与扶持的优惠政策。用足、用好、用实现有人才政策，是进一步加大从京津借力引才的前提与基础。要按照《河北省中长期人才发展规划纲要（2010—2020）》的发展目标与重点任务，积极宣传贯彻落实好《关于深化人才发展体制机制改革实施意见（冀发〔2016〕28号）》《关于加强企业引进京津人才智力工作的若干意见（冀发〔2012〕23号》）等文件精神，不断提升政策的可落地性与可操作性。还要确保资金、人员落实到位，要将相关政策文件中有关海内外高层次人才激励、优秀人才补助、开发团队资助等项目资金发放到位，确保专款专用。要选派精兵强将充实人才工作队伍，确保专人专岗，不断提升人才管理的政策和专业水平。

---

① 王慧霞、高红真：《京津冀人才开发一体化与河北省人才战略新思维》，《河北学刊》2006年第4期。

二是加大人才政策创新力度。一方面，要对标先进地区与省份，紧扣京津人才创新创业发展的需求，摸清找准人才政策的激励点、着力点、优势点和创新点。另一方面，要重点在薪酬设计、平台建设与综合帮扶等政策上加大创新力度，大胆推行项目薪酬、成果薪酬、企业年金、补充医疗等新型薪酬制度，创新成果转化资金支持、无偿资助、贷款贴息、股权（风险）投资、产权质押贷款、科技担保融资等激励扶植政策，切实做到一流人才、一流业绩、一流待遇。

三是鼓励地方制定特色人才政策。要积极鼓励地方结合实际，研究制定更具吸引力、更能体现地方特色优势的招才引智政策。曹妃甸区、渤海新区、北戴河区、白洋淀科技区等人才特区要在"特殊政策""特别机制""特优环境""特种保障"上做足文章，特别是在破除思想观念束缚和体制机制障碍，创新用人方式、向用人主体放权和人才激励等方面形成明显的政策优势，使其成为名副其实的引才"高地"与"特区"。省内其他地区也要结合自身的自然资源优势、劳动力资源优势、产业优势和市场优势等，研究制定更为灵活、更为开放、更加有效的人才政策，做到"因地制宜"借力，"量体裁衣"引才。

四是形成闭环式招才引智政策体系。借力京津人力资本，需要将各类优惠政策贯穿于人才引进、使用、激励等各个环节。要在引才、用才、留才，以及人才激励等各个层面构建全方位、闭环式招才引智及用才留才政策体系。即除了制定必要的安家费与科研、创业经费激励政策之外，还应在工商、税收、职称评定、岗位聘用、落户、医疗、培训、配偶安置、子女入学等方面出台定制化、体系化配套优惠政策，最终形成"一揽子"闭环式人才政策体系。

三 进一步加大柔性引才力度

柔性引才，是在不改变人才现有生活环境与工作条件的基础上，坚持从实际出发，以用为本，最大限度发挥人才共享效能的一种人才合作与交流方式。用柔性共享方式引才，既可以发挥河北毗邻京津的地理优势，充分吸引京津人才来冀工作，又可以有效规避"人才所属权""就业安置"等多方面现实问题，最大限度降低人才引进的阻力与难度。可以说，在京津冀协同发展背景下，柔性引才是河北借力京津人力资本，实现人才引进、智力共享最直接、最有效、最适用的方式。为此，需要从多个方面进一步加大柔性引才工作力度。

一是创新柔性引才的方式。本着"不求所有、但求所用、合作共享"的用人理念，让京津冀三地间的"星期天工程师""飞行博士""候鸟专家"成为人才交流、互动、共享的常态。通过进一步创新挂任、兼任管理、技术类职务，选聘外部董事，聘任技术与管理顾问等灵活多样的柔性方式，促进京津人才多领域、全方位交流往来。

二是拓展柔性引才的领域。目前，河北省面向京津柔性引才的层次较低、规模较小、领域也不够开阔。进一步加大从京津的柔性引才力度，需要在重点领域、重点方向上取得突破。要调研摸清各产业、特别是战略新兴产业的核心人才需求，掌握全省人才资源数量、结构、分布等特点，编制《河北省"十三五"期间各产业人才需求目录》，有选择、有目标、有计划、有重点地加大对京津两地人才的柔性引进力度。

三是增加柔性引才的黏度。要从初级松散型的柔性引才，向更深层次、更加紧密的人才柔性共享转变。要通过发明专利转让、入股或技术合作等方式，强化京津高端人才与河北发展的"同频共振"。即通过与河北科研院所及企业的深度融合，与河北战略性新兴产业的紧密对接，不断提高人才合作交流的黏度，充分共享智力成果，最大限度地发挥京津人才效能。

四　不断优化产业结构与明晰产业发展布局

产业与人才之间有着密不可分的互动关系。产业兴，则人才聚；人才聚，则产业旺。借力京津人力资本，加大面向京津的招才引智力度，河北需要在推进产业结构优化升级上用大力气、下大功夫。

一是实现"新旧"产业转换交替。一要积极落实国家"三去一降一补"重点发展任务，着力推进自身供给侧结构性改革，即通过综合运用市场、经济、法治、行政手段，加快淘汰一批落后产能、技术工艺和生产设备，持续提升全省制造业的数字化、网络化、智能化、服务化、绿色化水平，实现由河北制造向河北智造、河北创造的跨越。

二要始终瞄准市场消费需求和技术发展前沿，明确发展方向，优化产业布局，大力发展先进装备制造、以大数据为重点的电子信息、生物医药、新能源、新材料、节能环保、新能源汽车等新兴产业，实现新旧产业的转换交替，实现"以新换旧"的发展目标①。三要不断完善产业与科技创新的联动机制，促进产业与科技的融合发展。根据《河北省国民经济和社会发展第十三个五年规划纲要》相关要求，大力推进发展以英利为依托的新能源应急产业创新联盟、以沙河玻璃研究院为依托的玻璃产业创新联盟、以承德固废研究院为依托的尾矿资源综合利用创新联盟、以保定汽车制造基地为依托的汽车产业创新联盟、以曹妃甸精品钢铁基地为依托的钢铁产业创新联盟、以邢台晶龙为依托的单晶硅产业创新联盟、以石家庄和安国中药为依托的医药产业创新联盟、以保定标正和河北汉智为依托的数控机床产业创新联盟、以中电科五十四所为依托的卫星导航产业创新联盟、以中电科十三所为依托的电子信息产业创新联盟10个重点产业创新联盟，不断吸引京津相关产业人才聚集，持续巩固产业聚集与人才聚集优势。

二是促进京津冀产业"错位"发展。如前文所述，京津产业过度集中、河北产业过度分散、京津冀三地产业布局同构化问题突出，已经成为影响并制约京津向河北进行"人才输出"的主要障碍。做好京津冀三地发展的顶层设计，明确京津冀三地的发展定位，合理规划三地间的产业结构与布局，是实现京津冀区域协调发展、人才一体化发展的关键。《京津冀协同发展规划纲要》明确提出：要充分结合本地的发展特色与比较优势，立足长远，科学确定三省市的功能定位，在增强整体性的同时，突出差异化与特质性。未来，北京要打造成"全国政治中心、文化中心、国际交流中心、科技创新中心"；天津要打造成"全国先进制造研发基地、北方国际航运核心区、金融创新运营示范区、改革开放先行区"；河北要打造成"全国现代商贸物流重要基地、产业转型升级试验区、新型城镇化与城乡统筹示范区、京津冀生态环境支撑区"。要围绕该发展定位，进一步明晰确定京津冀三地

---

① 部分引自《河北省国民经济和社会发展第十三个五年规划纲要》。

产业发展定位与发展布局，实现三地间的"错位发展"。如北京要不断发挥科技创新作用，大力发展服务经济、知识经济、绿色经济；天津要优化发展高端装备、电子信息等先进制造业以及金融、航运物流和服务外包等现代服务业；河北要积极承接京津两地的产业转移与成果转化，重点发展信息技术、装备制造、生物医药、商贸物流、文化创业等产业。三地间的"错位发展"，不仅有利于河北进一步明确发展重点与目标，也有利于提高京津人才引进的"精度"。

三是加强与京津的产业协作。京津冀三地产业间的"错位"发展，要求进一步加强京津冀三地的产业协作。按照京津冀区域整体功能定位，可以较为清晰地梳理出三地间的产业链条关系，构建形成"你中有我、我中有你"的产业布局与上下游联动机制。例如，京津两地依托其强大的科技研发与服务平台，可以将产业发展重点放在前端研发与末端服务等环节上；河北依托其强大的生产制造能力以及丰富的劳动、资源条件，可以将产业发展重点放在中试、生产等环节上。依此，京津冀三地间可最终形成"本地孵化、异地投产""产业链两头在内、中间在外"的协作共享发展格局。京津冀三地间的产业"协作发展"，一方面有利于河北进一步加大与京津两地人才交流与合作的力度，另一方面也有利于将河北的人才"拉力"与京津的人才"推力"相融合，共同形成京津冀三地强大的人才合作"合力"。

五　打造一流的招才引智载体平台

一流的人才引进，需要一流的载体平台支撑。打造一流的招才引智载体平台，是借力京津人力资本，破解人才引进难题、提升人才共享效能的关键。

一是加强政府牵头引导。一要加强政产学研的联动发展，根据全省重点产业发展方向与布局，推动大中型企业与京津地区高校、科研院所、央企等共同组建产业技术创新联盟，通过联合建立实验室、工程技术研究中心、产业技术研究院、企业技术中心等方式，促进科技成果的孵化与转化，实现政产学研联动发展。二要加强双向交流，进一步推进京津与河北各地市、各职能部门间党政干部、专业人才的双向挂职与交流活动，促进政策衔接与信息共享。三要加强教育、医疗等领域的交流合作。鼓励省内高校与京津高等院校、科研院所建立紧密的战略合作关系，推动双方在理论研究、学科建设、人才培养、学分互认等方面多领域、全方位实质性深层合作。积极推动省内医疗机构与京津建立合作关系，进一步打通区域内双向转诊和检查结果互认障碍，推进知名专家定期坐诊与执业医师多点执业。通过合作办医、专科协作等方式，促进京津优质医疗资源向河北疏解和倾斜。四要依托院士联谊会、党外知识分子联谊会等平台，介绍并宣传河北产业结构转型情况与新兴产业发展方向，推动院士工作站、院士流动站、博士后工作站、科技成果转化中心、院士对口支援点建设。五要充分利用好河北廊坊"518 经贸引才洽谈会""河北海归创新创业平台""京津冀人才联合招聘会"等招才引智平台，促进"招商引资"与"招才引才"的紧密结合，持续提升河北招才引智的知名度和影响力。

二是加强园区综合建设。一要加强顶层设计，高起点、高标准做好园区规划与建设工作，全面统筹园区的规划水平，做到发展有方向、有侧重、有特点，避免园区建设"千篇一律"，强化错位发展。二要打造系列示范园区，加强石家庄、保定、唐山、燕郊、承德等国家级高新技术产业开发区建设，进一步提升石保廊全面创新改革试验区、京南科技成果转移转换试验区、京津冀大数据综合试验区的建设水平，在京津形成省级高新技术开发"隆起带"。打造以廊坊科技谷等为代表的环首都科技成果孵化园区、新兴产业示范园区、高层次人才创业园区和现代物流园区等高层次园区，充分发挥示范引领作用。三要改进园区招才引智环境建设，鼓励各园区结合自身特点与产业发展方向，建立健全统筹有力、政策完善、重点突出的招才引智体制机制，打造"引进一个人才、带来一个团队、捆绑一个项目、依托一个园区、形成一个产业"的新型人才与产业联动发展模式，广泛吸引京津人才来冀创业投资。

三是加强人才特区建设。一要进一步凸显唐山曹妃甸区、沧州渤海新区、秦皇岛北戴河新区、保定白洋淀科技区等人才特区在全省借力引才中的突出作用，持续通过政策扶植、资金投入等方式，切实将各人才特区打造成为承接京津各类要素外溢的基地、环渤海经济圈最具活力的战略平台、河北省的人才高地与创新驱动的主引擎。二要突出企业在人才特区中的主体地位，探索建立招才引智的市场决定机制，助推形成政府引导和市场主导良性互动的新型人才工作机制。三要在用足用活现有人才政策的基础上，赋予人才特区更多的灵活用人权，打造促进人才向特区集聚的"特殊政策"。四要建立健全人才资源市场配置机制，不断完善人才创新创业扶持机制以及创新科技平台服务机制，构建扶持激励人才创新创业的"特别机制"。五要通过优化人才服务、营造宽松环境、完善平台聚才引智功能，打造全方位吸引服务人才的"特优环境"。六要通过强化组织领导、资金保障与督导推进，做好人才特区的"特种保障"。总之，要让人才特区在全省的招才引智中先试先行，积极用新思维、新手段打破传统的老思路，解决原有的老难题，在借力京津人力资本中发挥好"排头兵"示范作用，实现人才工作以点带面快速发展。①

四是加强区域合作项目建设。一要充分利用好北京与张家口联合举办冬奥会的契机，与北京联合做好冰雪运动、专职救护、雪场建造维护、场馆运营管理等专业人才培养工作。二要进一步推动北京中关村海淀园秦皇岛分园建设，积极借鉴中关村车库咖啡、创业联盟等模式，吸引京津两地创业成功人士来冀发展，带动全省形成大众创业、万众创新的浓厚氛围。三要积极主动加强与国家有关部委合作，促进更多国家科技项目落户河北。积极与京津高等院校开展合作，推动与北京交通大学"轨道交通综合试验基地""北京交通大学轨道交通海滨综合研发实验基地"，以及"中国农大涿州南校区""北京大学现代农学院"等区域重点合作项目建设。以项目凝聚人才、培育人才。

六 建立健全京津人才服务体系

一个地区服务环境的优劣，往往会成为人才和智力能否有效集聚的重要因素。河北省人才服务体系的完善程度、服务效率的高低、服务设施的便利程度直接影响着京津两地人才来冀创新创业的主观决

---

① 部分引自《关于加快推进沿海人才管理改革试验区建设的指导意见》（冀办发〔2014〕39号）。

策。[①] 借力京津人力资本，需要河北各级人才管理部门不断提高人才服务意识，不断健全完善人才服务体系。

一是加强部门联动。借力京津开展招才引智工作，不能是"人事"一个职能部门的"独角戏"，还应有效联合工商、税务、组织、教育、发改委等多个部门，为人才引进提供"一站式"综合服务，在人才引进、创业、工作、生活等多个方面提供无缝隙、全方位保障与支撑。

二是简政放权。各级政府，特别是环首都各市、县（市、区）要紧紧围绕更好地吸引京津高层次人才来冀创新创业的目标，全面推行政审批制度改革，不断简化审批程序、规范审批流程、降低收费标准，努力做到人才项目审批程序最简、时间最短、收费最低。

三是强化精准服务。在人才引进中，不搞横到边、纵到底，缺乏针对性与精准性的"一刀切"政策。要不断在优化服务流程与内容上下功夫，力求做到一事一议、特事特办，真正为京津人才提供个性化、专业化、特色化、跟踪化"一条龙"精准服务。

四是统一标准。省内各级人社部门要积极加强与京津的合作与交流，深入推动京津冀三地间的人才评价资质互认互准，如专业技术人才资格互认、职称评价标准体系互通互认等，做到"一证通行"，便利三地间人才自由流动。

五是注重平台建设。要与京津两地合作，共同打造京津冀一体化人才服务平台。鼓励省内人才服务机构与京津人才服务机构、各类招聘网站、猎头公司、中介服务机构等建立紧密长久的业务合作关系，从而为及时发布与收集京津人才信息、办理人才引进与合作日常事务等提供全方位平台服务。

七 完善京津招才引智体制机制

借力京津人力资本，还要通过建立健全组织领导体系、完善沟通

---

① 部分参照中国人事科学研究院"市场在人力资源配置中的决定性作用研究"系列课题成果——河北引用京津科技人才情况调查与实证研究（河北省社会科学院人力资源研究所）的研究结题成果。

与协调机制，为招才引智工作"保驾""护航"。

一是成立高层次领导协商机构。要按照《京津冀协同发展规划纲要》的相关要求，成立京津冀三地高级别人才领导小组，全面负责京津冀三地人才合作与交流工作，统一思想认识、强化顶层设计、统筹指导人才合作战略目标，从而在国家层面构建起京津冀三地间人才协商合作的常态化机制。

二是健全人才工作协调机制。一方面，要强化面向京津招才引智工作的主体责任，明确职责分工，推动形成上下联动、左右协同的招才引智"合力"。另一方面，要建立健全与国家部委定向联系、与京津两地主管部门密切沟通的组织协调机制，做好政策衔接，持续推动各项工作举措落地生效。

三是加强督导考核。要将借力京津人力资本、引进京津人才智力工作列为各级党政班子年度考核和人才工作目标责任制重要内容，作为领导班子评优、干部评先的重要依据。研究建立目标合理、重点突出、权责清晰的京津人才引进综合评价指标体系，强化督导考核，确保各项工作落到实处。

四是改革人才管理体制。要探索建立政府人才管理权力清单和责任清单，不断消除政府部门对企事业单位等用人主体的过度干预。全面清理不符合人才成长规律的政策法规，取消或规范人才招聘、选拔、评价、流动等环节的行政审批事项，真正将招才引智的"指挥棒"交还给市场，将招才引智的"主动权"交还给各类用人单位。从根本上破除制约人才发展的行政体制机制障碍，最大限度激发用人主体借力京津的动力与活力，最大限度提升用人单位招才引智的积极性和主动性。

第八章　河北省人力资本积累的
宏观调控与保障

　　综上对人力资本积累不同路径的分析，在京津冀协同发展背景下，河北省人力资本积累水平的提高，一是通过宏观层面不间断的人力资本投资实现，二是通过微观层面不间断的人力资本投资实现，三是通过大力引入京津人力资本实现。人力资本作为一种体现在人口，特别是劳动者身上的特殊资本类型，只有与其他资本要素相结合才能从根本上推动一个区域的经济社会发展。从此意义上讲，河北省人力资本的积累就不仅仅是一个简单的人力资本投资、人力资本流入，以及相应人力资本存量的增加问题，还应是一个包括人力资本投资结构、人力资本配置和人力资本效率等在内的更为深层次的问题。

　　本章在河北省人力资本积累路径探索的基础上，针对人力资本积累更为深层次的问题，从宏观调控和保障的角度就人力资本投资体制的改革与创新、人力资本收益分配制度的改革与创新，以及人力资本市场配置机制的建立与完善等问题做进一步论述。

第一节　人力资本投资体制的改革与创新

一　人力资本投资现状分析

　　党的十八大勾画了在新的历史条件下全面建成小康社会、加快推进社会主义现代化、夺取中国特色社会主义新胜利的宏伟蓝图。实现这一百年奋斗目标，关键与核心在于"全面"。当前，我国经济社会发展仍处于一种"低水平、不全面、非均衡"的发展状态。基于人力资本视角，导致地区间"失衡扭曲发展"的深层次原因恰是人力资本投资的"非均衡性发展"。2003 年，詹姆士·J. 海克曼在《中国的人力资本投资》一书中提到，"相对而言，中国在 20 世纪 90 年代中期的政策更加重视实物资本投资而忽视教育等人力资本投资，重视城市人力资本而忽视农村人力资本投资。因此，制定新的投资战略，在农村和城市、在各种不同类型的资本之间实现平衡是非常有必要的"。因此，促进区域人力资本投资的均衡化，是解决我国当前区域经济社会发展失衡、实现全面建成小康社会奋斗目标的必然举措。①

综合梳理国内外相关研究成果，可知目前人力资本投资的"非均衡性扭曲"集中体现在三个方面。

（一）人力资本投资主体行为失衡

人力资本投资主体概括起来主要有三大类：一是政府（国家），二是家庭（个人），三是企业（社会）。由于中国社会经济体制的特殊性，三大人力资本投资主体行为长期处于一种非均衡性扭曲状态。具体表现为：

一是政府人力资本投资严重不足。长期以来，以教育投资为代表的人力资本投资主要依靠政府财政予以支撑。但实际的情况是，很多地方政府片面强调"唯 GDP 发展论"，优先将更多优质资源、更多发展资金投入到与经济增长息息相关的领域中，而选择性忽视了对教育、医疗等方面的必要性支出，从而造成人力资本投资的长期"供血不足"与"营养不良"。尽管近年来各级政府在人力资本投资方面的规模也在不断加大，但相对于经济总量及其增长速度，政府的人力资本投资水平仍处在低位徘徊。以河北省为例，2010 年、2015 年省财政教育支出分别为 514 亿元和 1041 亿元，虽然 5 年间增长了一倍多，但所占财政总支出的比例却仅由 18.24% 提升至 18.49%，只增长了 0.25 个百分点。

二是家庭人力资本投资存在盲目性。与政府人力资本投资不足相

---

① 李宝元：《人力资本论——基于中国实践问题的理论阐释》，北京师范大学出版社 2009 年版，第 60 页。

比，家庭人力资本投资呈现出一定的"过度投资"与"盲目消费"倾向。伴随着社会化大生产，家庭的功能虽然逐渐分化减弱了，但家庭仍然是人力资本孕育、形成与发展的主要平台与支撑，在人力资本投资中扮演着举足轻重的关键角色。受传统思维的影响，"再苦不能苦孩子""再穷不能穷教育""望子成龙、望女成凤"成为很多家庭培养与教育子女的"座右铭"。受制于高等教育大众化以及就业市场供需失衡等因素影响，大学生已经由原来的"天之骄子"变成了如今的"普通劳动者"。"大学生就业难""大学毕业即失业"在一定范围内成为普遍现象。由于很多家庭普遍缺乏对社会发展多元化趋势及其就业需求多样化的敏锐感应与准确把握，致使其对子女"一厢情愿式"的人力资本投资充满了盲目性、盲动性与盲从性。如在应试教育的指挥棒下，很多家庭仍冒着很高的"不确定性风险"，投入很大的精力、物力参与到"千军万马过独木桥"的优质资源竞争之中；"择校热""名校热"浪潮席卷从幼儿园直至大学的所有阶段；等等。

三是企业人力资本投资普遍乏力。如前文所述，"干中学"是人力资本积累的主要方式，而各类企业正是劳动者"干中学"的主要培育载体与平台。受国内劳动力市场不健全与用人政策体系不完善等因素的影响，很多企业对人力资本投资意愿不强、力度不够，功利化、短视化问题严重。一些企业秉承"拿来主义"信条，将主要精力放在如何开具更具吸引力的招才引智条件，吸引各类人才上；而不是将重点放在面向现有员工的"内部培养"与"长远投资"上。盲目追求"外来的和尚会念经"与长期轻视企业内部人力资本的积累与投资，其结果直接导致了"人才高消费""外来人才水土不服"与"内部人才流失"等现象的频频发生。①

（二）人力资本投资区域性失衡

人力资本投资区域性失衡，突出表现为城乡二元结构失衡与省域不同地区间的失衡。

---

① 李宝元：《人力资本论——基于中国实践问题的理论阐释》，北京师范大学出版社2009年版。

　　一是城乡二元结构失衡。长期以来，我国经济社会发展呈现出典型的城乡二元分割状态。由于政府在公共教育、医疗等方面的投资"各有侧重"，致使城乡区域在人力资本投资方面长期处于具有"马太效应"的非均衡状态。城市人力资本投资往往锦上添花，而农村人力资本往往雪中无炭。加之受居民收入、企业数量规模等因素的影响，农村人力资本投资与城市人力资本投资"不可同日而语"。以河北省城乡家庭在教育、医疗与交通通信（人力资本迁移）三方面的支出为例，2015年河北省城镇居民家庭在三方面的支出分别为2383元、1443元与2895元；而同期河北省农村居民家庭在三方面的支出只有969元、846元与1163元，后者只是前者的41%、59%与41%。姑且忽略政府与企业的影响作用，仅此一项即可看出城乡居民在人力资本投资上存在的巨大差距。

　　二是省域不同地区间的失衡。受自然资源禀赋条件、经济社会发展基础、人力资本存量水平等因素的影响，河北省域不同地区之间的人力资本投资参差不齐，呈现出非均衡态。从第五章内容可知，在河北省11个地市与2个省直管县的人力资本存量对比中，石家庄、唐山等经济相对发达地区的相关指标要普遍高于张家口、承德等经济相对落后地区，在个别数值中两者之间的差距甚至达到了1倍以上。一般认为，经济增长与财政收入上的显著差距，是形成区域间人力资本投资巨大差距的直接原因。在人力资本及其外部性的作用下，经济相对发达地区与经济相对落后地区间的经济社会差距还会被持续拉大，从而陷入"卢卡斯悖论"所描述的恶性循环之中。

　　（三）人力资本投资效率失衡

　　人力资本投资效率失衡，主要是指人力资本资源投入与产出之间的失衡，即人力资本投资效率的低下。当前，由于预算管理体制的不健全以及监管体系的不完善，人力资本投资的浪费现象在一定范围内仍然存在。据国内学者王慧慧的一项研究显示，根据DEA（数据包络分析）系统评价，全国人力资本投资效率达到DEA有效的只有北京、天津、陕西、青海与宁夏等地。其中，河北的人力资本投资综合效率为0.242，技术效率为0.26，分别低于全国0.492与0.554的平均数值，在全国 31 个省份中位列第 28 位。由此可见，河北省无论是在综合指标上，还是在分项指标上，均落后于全国大部分省份。表明河北省的人力资本投资效率仍然较低，人力资本投资浪费问题依然严峻。①

二　人力资本投资失衡问题的症结

国内学者李宝元认为，无论是人力资本投资主体行为扭曲，还是人力资本投资区域性失衡，都与长期滞后的教育体制机制密切相关。教育投资是人力资本投资中最为主要的方式。人力资本投资"非均衡性扭曲"问题产生的根源就在于我国长期滞后的教育体制。一方面，政府在教育领域的职能错位，造成政府在基础义务教育方面的主导作用得不到充分发挥，个人、家庭、阶层与区域在基础教育领域上的"非均衡化发展"差距越来越大。相反，与基础教育领域的"缺位"相比，政府在"高等教育资源"上的"越位"问题却非常突出。教育主管部门通过"大包大揽"举办高等教育，优先投入优质教育资源，致使高等教育的两极分化日趋严重。另一方面，应试教育为导向的体制，也使得以家庭为主的人力资本微观投资，其投资的不确定性、风险性、盲目性等问题陡然而生。与此同时，长期依靠外部人才供应的企业，特别是国有企业，因其有"源源不断"的公共人力资本供应，缺乏内在人才培养的动力，企业的人力资本投资乏力也在情理之中。

结合李宝元的相关研究，本书认为，人力资本投资主体行为失衡、人力资本投资区域失衡以及人力资本投资效率失衡等问题的症结，在于人力资本投资体制出现了角色错位、运转失灵等问题。"解铃还须系铃人"，走出人力资本投资"非均衡陷阱"，需要从人力资本投资体制的改革与创新中寻求答案。

三　人力资本投资体制改革创新的路径

改革人力资本投资体制，有效解决河北省人力资本投资过程中投资主体失衡、区域失衡与投资效率失衡等问题，主要路径有三：

一是促进人力资本投资主体行为的优化。首先，要进一步厘清与

---

① 王慧慧：《河北省人力资本投资效率研究》，《科技和产业》2013 年第 4 期。

明确政府在人力资本投资中的职责定位，做到不越位与不缺位，并在
捋顺高等教育与基础教育发展关系的基础上，将资源重点向基础义务
教育倾斜，最大限度促进教育公平与公正；其次，要加强对个人、家
庭人力资本的投资引导，帮助其树立正确的育人观与成才观，在社会
中营造"行行出状元""人人皆可成才"的良好舆论氛围；再次，多
措并举鼓励河北省各类企业、特别是国有企业加大对员工的人力资本
投入力度，搭建企业与劳动者个人共同享受人力资本投资产权与收益
的体制机制，促进人力资本合理、健康有序流动；最后，要全面动员
全社会资本力量、广泛依靠公民社会力量、充分利用非正规社会力
量，促进人力资本投资主体的多元化，进而推动、实现人力资本投资
的常态化、大众化、普及化与终身化。

　　二是促进教育资源，特别是基础教育资源的均衡化。百年大计，
教育先行。针对河北省张家口、承德等地区人力资本落后的情况，政
府相关部门应将"经济扶贫"与"教育扶贫"有机统一起来，不断
提高落后地区、特别是广大农村地区的基础教育文化水平。与此同
时，教育、财政等相关职能部门在资源投入上也要自觉克服以往"嫌
贫爱富"的倾向，将"补齐'短板'、协同发展"作为资源投入的唯
一标尺与准则，以形成"以人为本、以点带面、以长补短"的均衡化
人力资本教育投资新机制。

　　三是促进人力资本投资效率的提升。针对河北省人力资本投资中
出现的"投入冗余、产出不足"的情况，首先要进一步建立健全预算
制度、公示制度，将教育、医疗等各类人力资本投资台账化、透明
化，确保每一项投入都用在实处；其次要建立一套全流程、闭环式的
资金监管制度，将各级政府的人力资本投入纳入监管体系中，确保每
一项资金的使用、流动都在阳光下进行；最后要形成科学合理、系统
全面的人力资本投资评估体系，做好人力资本投资效果的事前、事中
与事后评估，不断调整与修正人力资本投资的重点方向，确保人力资
本投资供给与需求的有效衔接，不断提升人力资本投资的效能。

第二节　人力资本收益分配制度的改革与创新

在工业经济时代，物质资本与人力资本的载体——劳动力之间形成了最简单的雇佣关系。在这一过程中，劳动者只能凭借其劳动取得薪水报酬。劳动者通过辛勤劳动付出所产生的剩余价值，全部被物质资本所有者所享，而人力资本及其价值则被明显地隐形于物质资本之中。随着经济社会的快速发展以及知识时代的来临，人力资本及其外部性在经济增长中所发挥的作用日益凸显。人力资本也由原来的"默默无闻"逐渐成为收益分配体系中冉冉升起的"主角新星"。正如舒尔茨在1961年《人力资本投资》中提出的一样，"劳动者变成了资本家（参与剩余价值的分配）并非是因为公司股份所有权扩散所致，而是他们获得具有经济价值的知识和技能的结果"。[①]

一　人力资本参与收益分配的理论基础

企业，是当今经济社会中最为基础的活动单元。基于人力资本视角，可以将企业相关的当事人分为两大类：一类是人力资本要素所有者，包括工人、经理和企业家等；另一类是纯粹提供非人力资本要素且与非人力资本的具体支配使用权相对脱离开的人，包括企业股东与债权人等。因此，在一定程度上可以把企业看作是人力资本所有者与非人力资本所有者所签订的一种契约关系。

当代管理理论认为，实现所有权与经营权的分离是现代公司制度建立的重要标志。从人力资本角度看，现代公司制度更像是人力资本与非人力资本所有者在协调分工的条件下，更加注重人力资本能动作用的产物。正如张维迎所言，现代公司制度很好地解决了人力资本与物质资本的矛盾博弈关系，即"能（人力资本）"与"财（物质资本，非人力资本）"的关系。依托该制度，拥有物质资本而非人力资

---

① 李宝元：《人力资本论——基于中国实践问题的理论阐释》，北京师范大学出版社2009年版，第219页。

本的人能够在"有财无能"的条件下依旧获得赚钱机会；而拥有人力资本而非物质资本的人也能够在"有能无财"的基础上从事企业经营与管理。从某种程度上可以说，现代公司制度在内在逻辑上允许一些企业成员"出钱不出力"的同时，也默认一些企业成员即人力资本所有者"出力不出钱"，两者都是合理、合法存在的。[①]

人力资本所有者之所以可以通过"出力不出钱"来参与收益的分配，是由人力资本的"资本"属性所决定的。人力资本是劳动力通过教育、医疗等多方面投资而转化形成的一种特殊资本要素，它通过参与企业的生产经营活动，不仅能够为企业创造价值，还会依托其"外部效应"与"溢出效应"，为企业带来更多的价值增值（剩余价值）。从该角度上看，人力资本与物质资本是相对应的一种资本概念。人力资本参与价值和剩余价值的生产过程，就应当且必须享有一定价值（收益）分配。[②]

个人人力资本参与收益分配有利于调动劳动者创新、发明的积极性，有利于激励个人不断追加人力资本投资、提高人力资本存量以获得更多的收益。国内外研究表明，只有人力资本参与个人收入分配才能激励人们接受教育、培训、进行教育投资，因为培养的经营能力、知识可以使自己成为企业家、高级技术人员等高收入工作者。只有人力资本参与个人收入分配，才能鼓励人们进行智力投资，因为技术创造发明可以形成企业的无形资产，参与企业的收益分配、获得高额回报。只有人力资本参与个人收入分配，让有知识、懂技术、会管理的人先富起来，才能激发广大科技人员的创造性和积极性，才能树立起尊重人才、尊师重教、渴求知识的社会新风气。

二　人力资本收益分配形式

虽然人力资本与物质资本在收益分配中具有一定的共性，但由于人力资本的投资主体是人而非物，所以人力资本在投资过程中，除关

---

① 李宝元：《人力资本论——基于中国实践问题的理论阐释》，北京师范大学出版社2009年版，第237页。

② 何建雄：《人力资本收益分配影响因素分析》，《经济纵横》2007年9月，第48—50页。

注物质资本所关注的物质利益回报外，还更加注重精神利益的回报。人力资本投资目的的二重性，决定了其收益分配形式的复杂性，即企业对人力资本投资报酬的分配形式，既可以是物质利益形式，也可以是精神利益的形式，还可以是两者的结合形式。[①] 根据马斯洛需求层次理论可知，当一个人满足了基本的生存、安全等需求后，便会追求更高层次的社会尊重与自我实现需求。从收益分配角度看，企业在分配给员工物质奖励之外，如能再给予一定的精神奖励，将会起到非常重要的激励作用。因此，研究人力资本收益分配，可以从物质与精神两个维度进行分析。

（一）物质维度

物质利益是人力资本收益分配的最主要形式。人力资本的物质利益可以从人力资本保全（保值）和人力资本增值两个方面来考虑。人力资本保全部分的收益部分，是指人力资本所有者的工资性收入所得，包括工资、奖金、福利等形式。需要注意的是，对于这部分收益，不能把它看作是人力资本的收益分配，因为从严格意义上讲，它仅是人力资本的载体——劳动力在消耗自然力后获得的补偿性价值。在会计核算中，也只是将这部分收入作为成本进行列支。而从投资角度来看，人力资本增值的收益部分才是人力资本对企业税后利润的再分配。这种增值收益的分配方式主要有向员工或企业中高层管理者发放虚拟股票和股票增值权、股票奖励、期股（PS）、员工股票期权（ESO）、员工持股计划（ESOPs）；等等。

（二）精神维度

精神层面的人力资本收益，主要通过"评优评先""晋级升职"等方式加以实现。"评优评先"是较为常见的精神激励方式，通常是企业根据具体情况采取的诸如表扬奖励、授予荣誉称号等方式来组织实施；"晋级升职"实际上也是人力资本从企业经营管理中获得的一种"好处"与"收益"，其在给员工带来物质资本回报的同时，还会

---

① 刘惠利、李霆、徐四星：《人力资本收益分配形式的新思考》，《东北电力学院学报》2001 年第 3 期，第 77 页。

为员工提供更为广阔的施才空间，为其在"干中学"中实现人力资本的再积累创造有利条件。

此外，人力资本参与分配的形式还可以有多种。一是以专利权的形式获取专利收益，以激励人力资本拥有者利用其知识进行发明创造，同时体现出专利的价值。二是以技术入股的形式参与分配，劳动者凭借自己所拥有的技能获取企业的一部分股份。三是以管理能力参与收益分配。当物质资本的所有权和经营权分离时，物质资本投入经营能否获利或获利多少就完全取决于经营者的经营管理能力了，这种经营管理能力被称为企业家才能，是一种稀缺的人力资本。企业家对企业利润的贡献要远远大于一般劳动者以及资本等物质要素的贡献，因此理应获得相应的收益。企业家的收益应当包括一般劳动等人力资本投资收益，这一部分收益可以通过工资、奖金等反映。还应包括企业家经营管理才能等人力资本投资的收益，这一部分收益可以通过给予一定数量的股权等得到反映。人力资本无论以何种形式参与分配，其收益的大小均可通过市场机制来进行调节。[①]

三　人力资本收益分配制度改革创新的路径

对照国内先进省份的发展实践可知，实现河北省经济增长发展的结构性转变，就必须由依靠物质资本投入向依靠人力资本投入转变，由依靠资金与劳动投入向依靠知识与科技转变，由粗放型增长向集约化增长转变。唯有如此，才能最大限度发挥人力资本在助力经济增长中的"双重"效用（要素效用与溢出效用），保持经济社会的可持续发展。基于第四章的实证研究，目前在河北省的经济增长模型中，物质资本的产出弹性仍是人力资本产出弹性的 1.5 倍之多，物质资本依旧是推动河北经济发展的"主引擎"。一般情况下，要素的产出收益与产出弹性息息相关。因此，现阶段河北的物质资本收益仍然普遍高于人力资本收益。

要从根本上扭转河北省人力资本收益率较低的困难局面，充分发挥人力资本要素的作用效能，持续提升人力资本对经济增长的贡献

---

① 何建雄：《人力资本收益分配途径比较分析》，《商业研究》2007 年第 8 期。

率，需要从以下三个方面着手。

一是建立健全人力资本产权制度。研究人力资本收益问题的核心是确定人力资本的产权主体。[①]无论是古代孟子提出的"夫仁政必自经界始"，还是现代经济学中"有恒产者有恒心、无恒产者无恒心"的提法，都反映了建立一套权责明晰、归属明确的人力资本产权制度，对构建人力资本收益分配制度的重要性。当前，河北省正在大力推行"人才兴冀""人才强冀"发展战略。在这一过程中，无论对内的人才培养还是对外的人才引进，都需本着"谁投资，谁所有，谁受益"的基本原则，采用人力资本股权化、期权化等方式，充分确权、合理用权，以使人力资本所有者的各项权益得到全面保障。

二是加快推进现代企业管理制度改革。现代企业管理制度的主要特点是在所有权与经营权分离的基础上，实现企业共管、利益共享与风险共担。目前，河北省的国有企业改革任务依旧繁重。为进一步激发国有企业的活力，下一步可在中央相关国企改革政策精神的指导下，试点推行国有企业的"混改"改制方案，通过采用股权激励与员工持股等多种方式，不断提高广大干部职工的参与感与获得感，提升人力资本的综合收益。

三是不断完善多元化的收益分配制度。在市场经济条件下，劳动者是根据收入最大化原则来选择自身投资发展方式的，如果社会所提供的机会和收益不是有利于劳动者自身人力资本积累的，或劳动者用于提高自身人力资本存量的"机会成本"过大，则他们自然会放弃这种投资而转向能够获得更大收益的投资。"坚持按劳分配为主体、多种分配方式并存"，是我国在社会主义初级阶段的基本分配制度。下一阶段，河北省应在不断深化收入分配制度改革的基础上，不断提高劳动报酬在初次分配中的比重，巩固社会主义按劳分配的主体地位。此外，还要充分结合省情，在完善劳动、资本、技术、管理等要素按贡献参与分配的初次分配机制、健全以税收、社会保障、转移支付为

---

① 王为一：《人力资本收益分享问题的探讨》，《科技进步与对策》2004 年第 5 期，第108—110 页。

主要手段的再分配调节机制的基础上，持续提高以知识、创新等为代表的人力资本核心要素初次与再分配比例，切实保障每一位劳动者在人力资本投资中所获取的合法、合理、合规收益，不断激发与提升全社会人力资本投资的积极性与主动性，营造出"人人想投资、人人愿投资"的良好氛围。

第三节　人力资本配置机制的建立与完善

人力资本是依附于劳动者身上的体力、智力、知识、技能的总和，人力资本配置是通过对劳动力的配置实现的。从人力资本投资开发到人力资本的利用，中间需要经过人力资本配置这一环节。人力资本配置不当将会导致人力资本供求失衡，从而阻碍人力资本效率的发挥，造成人力资本的浪费，而人力资本能否合理配置与其配置机制密切相关。

一　人力资本配置的内涵

古典经济学理论认为，配置是指一个经济社会或经济主体在既定的经济体制下，对所拥有的资源（或要素）在产出过程中进行的合理分配或安排。人力资本作为经济活动中的一种基本要素，它本身就存在特定的"配置"问题。[①]

与物质资本的配置不同，人力资本由于需要依附劳动者而存在，除要遵循古典经济学所推崇的自由竞争规律外，还会对社会政策等环境做出反应。因此，人力资本配置不仅仅是要素间的简单配比，还需要考虑人力资本与相关制度的耦合效果。基于以上认识，国内学者周德禄认为，人力资本配置是在一定区域范围内，按照人力资本效益最大化原则，对人力资本自身（教育、经验、健康、规模）及其相关要素（物质资本投资、技术创新、产业发展、社会制度改革等）所进行

---

① 周志勇：《论人力资本的含义、形成、配置和收益》，《理论学刊》2008 年第 11 期，第 43—46 页。

的合理配比和优化过程。①

二 人力资本配置的方式

人力资本根据配置手段的不同，可分为人力资本的计划配置和人力资本的市场配置。其中，人力资本的计划配置主要依靠政府力量来实现，人力资本的市场配置主要依靠市场机制来完成。②

（一）人力资本的计划配置

人力资本的计划配置主要是指在政府主导下的各部门通过行政指令手段，对区域内人力资本进行优化调整、统筹分配与使用的过程。基于人力资本的特殊属性，人力资本的计划配置拥有一定的特殊优势：一方面，通过人力资本的计划配置，有利于将人力资本发展战略与区域经济社会发展需求有机结合，促进人力资本在区域间、区域内以及产业间的合理流通与配置，提高人力资本宏观调控的总收益；另一方面，通过人力资本的计划配置，可以最大限度提升人力资本的社会收益，促进人力资本在不同经济发展水平区域间的均衡发展，保障每一位社会公民的教育、医疗与迁移的权益。

除特殊优势外，人力资本的计划配置也有其内在缺陷：一是计划配置毕竟是一种行政手段，在行政手段的干预下，计划配置往往会忽视人力资本载体——劳动者的个人意愿，在某种程度上限制了人力资本所有者主观能动性的发挥，影响了人力资本自身价值最大化的实现；二是计划配置需要一套完备的经济运行信息系统作为保障，客观上往往由于人力资本供求信息的不对称、不及时、不完全，造成人力资本计划配置的不适宜、不合理与不恰当；三是计划配置往往出现行政审批与管理上的"繁文缛节"，降低配置的活力与效率，增加整体配置的成本。

（二）人力资本的市场配置

人力资本的市场配置主要是指在劳动力市场上，由工资率等市场

---

① 周德禄：《人力资本配置效益研究》，山东人民出版社 2012 年版，第 39—55 页。
② 王旭辉：《我国区域人力资本配置方式优化的探析》，《学术交流》2011 年第 4 期，第 72—75 页。

价格调节人力资本的供求关系，从而实现人力资本配置的过程。同人力资本的计划配置相比，人力资本市场配置的主要优势为：一是市场配置充分尊重了人力资本供求双方意愿，有利于体现人力资本的产权归属，保障人力资本所有者能动性与积极性的发挥；二是市场配置的经济成本较低，无须计划配置中的繁杂手续，最大限度提升了配置效率与节约了配置成本；三是市场配置的经济效益较高，由于人力资本市场配置主要依靠市场中的价格机制、供求机制以及竞争机制来调节，有利于充分实现人力资本在区域间的自主就业与择业，保障资源的自由流通，在有效降低成本的同时，能够显著提升经济效益。

虽然人力资本市场配置与计划配置相比具有较多优点，但受市场机制内在局限性的影响，人力资本市场配置也存在一定缺陷：一方面，市场配置在过多注重微观利益、经济效益的同时，忽视淡化了宏观效益、社会效益；另一方面，在利益机制的驱动下，人力资本往往出现"人往高处走"的流动现象，客观上造成经济发达地区人才集聚与经济欠发达地区人才流失并存，形成人力资本的"马太效应"。

综合人力资本计划配置与市场配置的优劣势可知，建立健全人力资本配置制度，不仅需要依靠政府这只"看得见的手"的宏观调控，还需要依靠市场这只"看不见的手"的自由配置。只有将计划配置与市场配置有机结合，才能最大限度发挥两者的天然优势，实现人力资本的合理流动与优化配置。

三 现行人力资本配置体制中存在的问题

如前所述，人力资本配置是指对人力资本在各个部门之间进行选择、安排和搭配，以获得最佳的利用效率的过程。实现人力资本合理配置的最佳途径是通过市场机制进行配置。但是市场化配置有诸多条件，如果不具备这些条件则人力资本就不能实现真正的市场化配置，因而也就无法获得人力资本最佳的利用效率。京津冀协同发展背景下，河北省人力资本的积累需要有更广区域、更高层面和更为高效的人力资本配置机制，但就京津冀现行的人力资本配置体制来看，还存在诸多问题。

（一）人力资本市场供给主体和需求主体没有真正到位

供求机制是自发实现人力资本最优配置的实现机制。同其他商品市场一样，人力资本市场受价值规律的调节，通过市场信号将供求双方的信息反馈给市场主体——用人单位和人力资本拥有者个人，双方按照各自利益最大化的原则进行双向选择，最终实现人力资本流向最需要、最合适的部门和岗位。人力资本的价格是由市场决定的，但是如果市场供求主体缺乏、市场竞争不足就会影响到人力资本的合理配置，造成宝贵的人力资本浪费。

（二）人力资本市场地域分割、条块分割严重

目前，京津冀三地及河北省各地市虽然都成立有人才交流中心，但由于存在地域性、部门性的各种壁垒，各人力资本市场各自为政，地域、条块分割仍然较为严重。不同区域市场之间信息互不沟通，人力资本在各市场之间的流通渠道并不顺畅。

人力资本市场的分割状态还表现为城乡二元经济结构基础上城乡分离的人力资本市场。这种分离的人力资本市场无法形成合理的人力资本价格，也无法沟通和充分表达供求信息，不仅加大了人力资本的流动成本，不利于人力资本的有效利用，也妨碍了人力资本的合理配置。

（三）人力资本市场供需矛盾突出

首先，从人力资本总供给量与总需求量来看，人力资本远远不能满足经济社会发展的需要，存在求大于供的矛盾。其次，从人力资本的供需结构上来看，也存在结构性矛盾。近年来在用人单位的招聘职位中，计算机软件开发、翻译、外经贸和管理人员的需求量较大，排在用人单位需招聘专业的前列；而求职者应聘职位排在前列的则是会计、文秘和工程技术人员。需方与供方呈现较大反差，供求比例严重失衡，结果造成求职者找工作难，而招聘者找人难的局面。另外，京津冀三地人力资本供求也存在较大失衡与矛盾，京津人才集聚，而河北人才相对短缺。

四 人力资本配置机制的建立与完善

京津冀协同发展背景下，建立与完善基于河北省情、利于河北人

力资本积累的人力资本配置体制机制，需要从以下几个方面着力：

（一）构建人力资本市场供给机制，实现人力资本供给主体化

人力资本自由流动、自主择业是实现人力资本市场化配置的前提，为此必须重新确立人力资本供给者的主体地位，实现供给主体个人化。其中关键是要转变传统的观念，承认人力资本归劳动者个人所有，打破人力资本归部门、单位所有的局面，使其在全省乃至京津冀更大范围内自由流动，对妨碍人力资本自由流动的传统体制进行改革与创新。

（二）建立形成人力资本需求与供给协调匹配机制

人力资本是一种"资本"，具有资本的基本属性。根据微观经济学一般均衡理论可知，当人力资本的供给与需求相同时，人力资本的市场价格为均衡价格。当人力资本的交易价格与均衡价格相一致时，在市场价格机制的作用下，人力资本的自由交易效用实现最大化。实现人力资本需求与供给的平衡，不仅要靠市场手段，还要靠政府的调控。一方面，基于市场角度，就是要破除一切阻碍人力资本流动与交易的体制障碍，有效降低成本与提高效益；另一方面，基于政府角度，就是要在全面、准确掌握人力资本供需信息的基础上，做好人力资本投资与使用的各类调控。

聚焦河北实际，做好人力资本需求与供给的协调匹配工作，首先是要做到"知己知彼"。"知己"，就是要综合掌握当前河北的人力资本存量与增量情况，编制覆盖地市、行业与重点领域的人力资本需求目录，做到供给与需求的自知自明。"知彼"，就是要跳出河北看河北，基于人力资本流动的角度，将河北省的人力资本市场放到京津冀三地的大市场中，学会通过招才借力来促进本地人力资本市场供求关系的平衡发展。其次是要做到"精准定位"。要在准确了解需求上，提高供给的效率与质量。各级政府部门要充分结合全省的经济发展中心任务，适时调整好人力资本投资与引进的重点方向，防止由于人力资本的"低需求"与"高供给"，造成人力资本过度集聚与浪费。最后是要做到"有的放矢"。即进一步明晰政府与市场在人力资本配置中的定位作用，将"看得见的手"与"看不见的手"有机结合，做

到政策出台"有的放矢"，不越位、不缺位。

（三）促进人力资本在区域、行业内的均衡发展

古典经济学认为，物质资本总是服从边际报酬递减规律，从较为丰裕的地方流向稀缺的地方；而人力资本理论则认为，人力资本与物质资本不同，在利益机制的作用下，其往往服从边际报酬递增规律，即习惯于从较为稀缺的地方流向较为丰裕的地方。为促进人力资本在全省不同地区间的均衡发展，除本章第一节提到的相关政策建议外，还需要进一步明确政府相关部门在人力资本配置中的角色作用。针对经济相对落后地区人力资本存量不足且流失严重的问题，省政府应站在宏观层面、从体制机制与相关政策入手，加大对落后地区的扶持政策。如政府相关部门可进一步扩大"人才特区"的覆盖范围，给予落后地区更大、更优、更为灵活的用人自主权，帮助其在观念上、体制机制上、引才政策上实现新的突破，以在激烈的人才竞争中形成相对优势。

在促进人力资本区域均衡发展的同时，也要注重人力资本在行业内的均衡发展。下一步，要在"十三五"规划的指引下，结合产业结构调整的新需求，做好行业内人力资本均衡发展的工作。特别是针对战略性新兴产业的发展方向与现代服务业的发展要求，优先做好先进装备制造、新一代信息技术、生物、新能源、新材料、节能环保、新能源汽车、数字创意等高端人力资本的配置工作。

（四）打破区域内劳动力市场分割，保障人力资本配置效率和公平

劳动力市场分割理论认为，劳动力市场可分为一级市场和二级市场。两个部门在工资待遇、稳定性、所处行业、员工素质与精神、晋升机制等方面存在明显的差异。一级市场往往工资福利待遇高，工作条件好，就业稳定和晋升机会较多。而二级市场往往工资福利较差，工作条件较差，就业十分不稳定且没有较多的晋升机会。当前，在劳动力市场中，仍存在由城乡、户籍、性别、年龄、学历等因素造成的多样化劳动力市场分割现象，严重阻碍着人力资本的自由流动与优化

配置。① 建立健全人力资本的配置机制，就要从打破劳动力流动的壁垒开始，在全省乃至京津冀范围内建立形成一个自由流动、供求平衡、公平公正、充满效率的人力资本市场，最大限度消除就业身份歧视与行业壁垒，确保每一位劳动者都能享受平等的就业机会、享受对等的就业身份、享受同等的企业待遇，充分保障每一位劳动者的合法权利与利益。

---

① 苏建宁：《新生代农民工人力资本投资与就业关系研究——基于劳动力市场分割背景》，硕士学位论文，河北经贸大学，2013 年。

主要参考文献

一　中文文献

（一）著作类

1. 西奥多·舒尔茨:《论人力资本投资》,北京经济出版社 1990 年版。

2. 加里·S. 贝克尔:《人力资本理论——关于教育的理论与实证分析》,中信出版社 2007 年版。

3. 雅各布·明塞尔:《人力资本研究》,中国经济出版社 2001 年版。

4. 小罗伯特·E. 卢卡斯:《为何资本不从富裕国流向穷国》,江苏人民出版社 2005 年版。

5. 徐大丰:《人力资本、趋同假说与经济增长的区域差异》,法律出版社 2009 年版。

6. 石邦宏:《人力资本交易原理》,社会科学文献出版社 2009 年版。

7. 李建民:《人力资本通论》,上海三联书店 1999 年版。

8. 赵曙明:《人力资本管理研究》,中国人民大学出版社 2001 年版。

9. 张维迎:《企业理论与中国企业改革》,北京大学出版社 1999 年版。

10. 郭龙、付泳:《人力资本理论问题研究》,电子科技大学出版社 2014 年版。

11. 彭朝晖、杨开忠:《人力资本与中国区域经济差异》,新华出版社 2005 年版。

12. 王建民:《人力资本生产制度研究》,经济科学出版社 2001 年版。

13. 张凤林:《人力资本理论及其应用研究》,商务印书馆 2007 年版。

14. 王金营:《区域人力资本积累和开发机制研究》,人民出版社 2013

年版。

15. 沈利生、朱运法：《人力资本与经济增长分析》，社会科学文献出版社 1999 年版。

16. 李玉江：《区域人力资本研究》，科学出版社 2005 年版。

17. 李宝元：《人力资本论——基于中国实践问题的理论阐释》，北京师范大学出版社 2009 年版。

18. 周德禄：《人力资本配置效益研究》，山东人民出版社 2012 年版。

19. 米国宏：《人口质量的经济分析》，上海三联书店 1994 年版。

20. 石卫星：《人力资本与外商直接投资——兼论卢卡斯悖论》，经济科学出版社 2012 年版。

21. 贾冀南：《河北省经济增长的人力资本集聚机制理论与实证研究》，北京电子工业出版社 2013 年版。

22. 闫志军：《京津冀区域一体化视阈下河北高等教育发展战略研究》，中国社会科学出版社 2016 年版。

23. 高兵：《京津冀教育协同发展战略探究》，知识产权出版社 2016 年版。

24. 赵新喜编：《京津冀区域人才合作政策创新研究》，河北人民出版社 2013 年版。

25. 鄢圣文：《京津冀人才一体化发展战略》，中国经济出版社 2016 年版。

26. 伏绍宏：《欠发达地区人力资本开发与积累的理论与实践》，西南财经大学出版社 2009 年版。

27. 张中华、谢进城：《投资学》，中国经济出版社 1996 年版。

28. 何鸿明、札乐勋主编：《卫生经济学原理与方法》，黑龙江教育出版社 1988 年版。

29. 韩宗礼：《教育经济学》，陕西人民出版社 1988 年版。

30. 王小鲁、樊纲：《中国经济增长的可持续性：跨世纪的回顾与展望》，经济科学出版社 2000 年版。

（二）论文类

1. 王宝：《人力资本投资途径新探》，《哈尔滨商业大学学报》（社会科学版）2009 年第 4 期。

2. 王为一：《人力资本收益分享问题的探讨》，《科技进步与对策》 2004 年第 5 期。

3. 周志勇：《论人力资本的含义、形成、配置和收益》，《理论学刊》 2008 年第 11 期。

4. 逯进、周惠民：《人力资本理论：回顾、争议与评述》，《西北人 口》2012 年第 5 期。

5. 张树建、高素英、郑俊丽、张艳丽：《人力资本与区域经济收敛性 关系研究》，《河北工业大学学报》2012 年第 6 期。

6. 高素英、陈蓉、张艳丽、张树建：《京津冀人力资本与区域科技创 新能力的关系研究》，《天津大学学报》（社会科学版）2011 年第 6 期。

7. 高素英、张燕：《人力资本与河北省经济增长的实证研究》，《河北 工业大学学报》2005 年第 2 期。

8. 高素英：《人力资本与区域经济增长动态相关性研究》，《经济与管 理研究》2010 年第 1 期。

9. 李海峥：《中国人力资本的度量：方法、结果及应用》，《中央财经 大学学报》2014 年第 5 期。

10. 许和连、亓朋、祝树金：《人力资本与经济增长研究进展述评》， 《财经理论与实践》2007 年第 1 期。

11. 王慧慧：《河北省人力资本投资效率研究》，《科技和产业》2013 年第 4 期。

12. 何建雄：《人力资本收益分配影响因素分析》，《经济纵横》2007 年 9 月。

13. 刘惠利、李霆、徐四星：《人力资本收益分配形式的新思考》， 《东北电力学院学报》2001 年第 3 期。

14. 刘勇、张徽燕、李瑞凤：《人力资本的定义与分类研究述评》， 《管理学家》（学术版）2010 年第 11 期。

15. 张生太、闫淑敏、段兴民：《对人力资本若干理论问题的再思 考》，《生产力研究》2003 年第 3 期。

16. 闫淑敏、段兴民：《中国西部人力资本存量的比较分析》，《中国软科学》2001 年第 6 期。

17. 闫淑敏、段兴民：《中国城镇家庭人力资本投资动态与收益分析》，《预测》2002 年第 3 期。

18. 王金营、贾冀南：《日本人力资本积累经验对河北省及京津冀一体化的启示》，《日本问题研究》2008 年第 4 期。

19. 王金营：《河北省人力资本集聚的路径选择》，《河北工程大学学报》（社会科学版）2013 年第 4 期。

20. 王金营：《中国区域人力资本积聚路径和机制研究》，《中国人口科学》2011 年第 4 期。

21. 贾冀南、王金营：《经济趋同假说下人力资本与中国西部经济增长》，《河北大学学报》（哲学社会科学版）2008 年第 2 期。

22. 贾冀南、袁修月：《河北省产业集聚与人力资本集聚的机制研究》，《河北工程大学学报》2011 年第 4 期。

23. 刘彦平、田光：《人力资本收益分配新论》，《河北经贸大学学报》2009 年第 5 期。

24. 王宝、郭荣丽：《人力资本投资途径新探》，《哈尔滨商业大学学报》2009 年第 5 期。

25. 唐慧超、李刚：《人力资本投资主体多元化问题初探》，《新疆师范大学学报》（哲学社会科学版）2003 年第 3 期。

26. 王旭辉：《我国区域人力资本配置方式优化的探析》，《学术交流》2011 年第 4 期。

27. 罗润东、刘文：《人力资本对区域经济发展的作用及其评价》，《学术月刊》2008 年第 8 期。

28. 刘霞、唐绍欣：《西方人力资本理论的新发展述评》，《经济科学》1998 年第 4 期。

29. 陆杰华：《贫困地区人力资源开发与消除贫困研究》，《人口研究》1998 年第 1 期。

30. 张可云、蔡之兵：《京津冀协同发展历程、制约因素及未来方向》，《河北学刊》2014 年第 6 期。

31. 马宁、饶小龙:《合作与共赢:京津冀区域人才一体化问题研究》,《中国人力资源开发》2011 年第 10 期。

32. 孟新颖:《在京津冀协同发展中如何用足、用活、用好京津人才问题研究》,《现代商业》2014 年第 26 期。

33. 王慧霞、高红真:《京津冀人才开发一体化与河北省人才战略新思维》,《河北学刊》2006 年第 4 期。

34. 刘海云、杨琰、刘艳君:《加快推进京津冀人才一体化的对策研究》,《经济与管理》2015 年第 2 期。

35. 耿树海、雷娜:《京津冀协同发展中的"虹吸效应"破解探讨》,《商业时代》2015 年第 22 期。

36. 孙翠兰:《京津冀地区人力资本的差异及其成因》,《铜陵职业技术学院学报》2009 年第 1 期。

37. 申志勇、袁素娟、唐欣、崔曦萍:《京津冀区域人才合作的现实困境与机制重构》,《河北联合大学学报》(社会科学版)2014 年第 3 期。

38. 熊凤平:《京津冀一体化过程中的人才流动分析》,《特区经济》2007 年 5 月。

39. 张宏:《京津冀协同发展背景下的河北引用北京人才策略》,《产业与科技论坛》2014 年第 13 期。

40. 何勤、刘雅熙:《京津冀协同发展背景下的科技创新人才流动研究》,《北京联合大学学报》2015 年第 2 期。

41. 何勤:《京津冀协同发展背景下统一开放的人力资源市场体系构建研究》,《北京联合大学学报》(人文社会科学版)2016 年第 1 期。

42. 杨志荣:《京津冀协同发展问题研究综述》,《青岛行政学院学报》2015 年第 6 期。

43. 张景秋、孟醒:《世界首都区域发展经验对京津冀协同发展的启示》,《北京联合大学学报》2015 年第 4 期。

44. 陈亮、苏建宁:《人力资本积累对京津冀协同发展的影响研究——基于 2000—2015 年数据的实证》,《河北经贸大学学报》

2017 年第 3 期。

45. 陈亮：《河北省经济可持续发展中的人力资本问题研究》，《河北学刊》2006 年第 4 期。

46. 陈亮：《河北省创新型人才资源开发研究》，《河北经贸大学学报》（综合版）2006 年第 1 期。

47. 刘兵：《开发区人才聚集与区域经济发展协同机制研究》，《中国软科学》2010 年第 12 期。

48. 蔡昉、都阳：《中国地区经济增长的趋同与差异——对西部大开发战略的启示》，《经济研究》2000 年第 10 期。

49. 汪文、杨军：《缩小人力资本收益地区差异的政策探析》，《中国地质大学学报》（社会科学版）2004 年第 12 期。

50. 史修松、赵曙东：《中国经济增长的地区差异及其收敛机制（1978—2009）》，《数量经济技术经济研究》2011 年第 1 期。

51. 李松柏：《用人口质量指数分析人口质量的缺陷》，《西北农林科技大学学报》（社会科学版）2006 年第 1 期。

52. 胡健、焦兵：《自然资源开发与区域经济增长的收敛效应——对环鄂尔多斯区域增长模式的考察》，《资源科学》2013 年第 5 期。

53. 郑林昌、蔡征超、张雷：《包含地理因素的区域经济增长模型及实证分析》，《资源与产业》2012 年第 5 期。

54. 沈航、田小勇：《交通运输对区域经济增长影响的实证研究》，《武汉理工大学学报》2012 年第 4 期。

55. 何春杰：《制度因素对区域经济增长影响的实证分析》，《生产力研究》2003 年第 4 期。

56. 沈琳、王强：《我国典型区域人才合作模式对京津冀区域人才合作的借鉴与启示》，《河北企业》2014 年第 2 期。

57. 边婷婷：《京津冀一体化 R&D 人才流动研究》，《北京联合大学学报》2015 年第 2 期。

58. 许爱萍：《区域科技创新人才聚集驱动要素分析》，《科技与经济》2014 年第 12 期。

59. 徐光远、李鹏飞：《中国货币政策经济增长效应差异及其影响因

素——基于区域及省际视角的分析》,《湖南农业大学学报》2016
年第 4 期。

60. 潘庄晨、范宸瀚、潘淑娟:《区域资本分布与当地经济增长关系
研究——以安徽省为例》,《江西金融职工大学学报》2009 年第
10 期。

61. 林木西、张华新:《社会资本因素对区域经济增长差异的影
响——基于中国四大经济区的实证研究》,《经济管理》2012 年第
6 期。

62. 张玉明、李凯、聂艳华:《技术溢出、企业集聚与区域经济增
长》,《东北大学学报》2008 年第 1 期。

63. 陈萍:《技术创新视域下区域经济增长的动力机制与影响因素分
析》,《管理科学与经济学》2014 年第 4 期。

64. 米娟:《中国区域经济增长差异及影响因素分析》,《经济经纬》
2008 年第 6 期。

65. 朱勇:《罗默的新增长理论述评》,《中国人民大学学报》1997 年
第 5 期。

66. 潘文卿:《中国区域经济差异与收敛》,《中国社会科学》2010 年
第 1 期。

67. 张学良:《长三角地区经济收敛及其作用机制:1993—2006》,
《世界经济》2010 年第 3 期。

68. 刘强:《中国经济增长的收敛性分析》,《经济研究》2001 年第
6 期。

69. 王碧玉:《中国农村反贫困问题研究》,博士学位论文,东北林业
大学,2006 年。

70. 方春英:《中部区域人力资本对经济增长的影响研究》,博士学位
论文,武汉理工大学,2006 年。

71. 朱晓明:《人力资本差异性与区域经济发展——以浙江、陕西两
省为例》,博士学位论文,浙江大学,2005 年。

72. 岳爱:《农村儿童营养改善计划的人力资本理论分析及经验检
验——基于陕西随机干预试验的证据》,博士学位论文,西北大

学，2013 年。

73. 刘志刚：《人力资本配置与区域经济增长研究——以京津冀区域为例》，博士学位论文，河北大学，2008 年。

74. 王书利：《京津冀协同发展研究》，博士学位论文，天津大学，2014 年。

75. 张树建：《人力资本与区域经济协同发展研究——基于京津冀的经验证据》，博士学位论文，河北工业大学，2012 年。

76. 王一帆：《人力资本对区域经济差异的影响研究——以山东为例》，硕士学位论文，山东大学，2015 年。

77. 王轩：《京津冀地区人力资本与经济增长关系及人力资本投资研究》，硕士学位论文，北京交通大学，2011 年。

78. 匡远凤：《中国人力资本的区域分布和利用效率》，硕士学位论文，华中科技大学，2012 年。

79. 何成东：《人力资本与京津冀地区经济协调发展》，硕士学位论文，首都经济贸易大学，2008 年。

二　外文文献

1. Romer, Paul, "Increasing Returns and Long – Run Growth", *Journal of Political Economy*, 1986 (5): 2 – 37.

2. Benhabib, J. and Spiegel, M. , "The Role of Human Capital in Economic Development: Evid – ence from Aggregate Cross – Country Data", *Journal of Monetary Economics*, 1994 (2): 143 – 174.

3. Lucas, Robert, "On the Mechanics of Economic Development", *Journal of Monetary Economics*, 1988 (1): 25 – 36.

4. Romer, Paul, "Increasing Returns and Long – Run Growth", *Journal of Political Economy*, 1986 (5): 2 – 37.

5. Stokey, N. , "Human Capital, Product Quality and Growth", *Quarterly Journal of Ecomomics*, 1991: 106.

6. Murthy, N. R. V. and I. S. Chien, "The Empirics of Ecomomics Growth for OECD Countries: Some New Findings", *Economics Letters*, 1997: 425 – 429.

7. Lutz G. Arnold, "Growth, Welfare and Trade in an Integrated Model of Human Captical Accumulation and Research", *Journal of Macroeconomics*, Vol. 20, No. 1, Winter 1998.

8. Michael K. F. , "Financial Development and Economic Growth: Convergence or Divergence", *Journal of International Money and Finance*, 2009, 28 (1): 56 – 67.

9. Romer, P. M. , "Increasing Returns and Long – Run Growth", *The Journal of Political Economy*, 1986: 1002 – 1037.

10. Barro, R. J. (ed.), Economic Growth in a Cross Section of Countries (National Bureau of Economic Research, 1989) .

11. Mankiw, N. G. , Romer, D. &Weil, D. M. , "The Division of Labor, Coordination Costs, and Knowledge", *The Quarterly Journal of Economiccs*, 1992.

12. Acemoglu, D. , & Pischke, J. (ed.), Why Do Firms Train? Theory & Evidence, National Bureau of Economic Research, 1996.

13. Barro, R. J. , & Lee, J. W. , "International Measures of Schooling Years & Schooling Quality", *The American Economic Review*, 1996: 218 – 223.

14. Marcet, A. , & Obiols – Homs, F. , P. Weil, "Incomplete Markets, Labor Supply, & Capital Accumulation", *Journal monetary Economices*, 2007, 54: 2621 – 2635.

15. Bils, M. , "How Large Are Human – Capital Externalities? Evidence from Compulsory Schooling Laws", *NBER Macroeconomics Annual*, 2000.